GU KOMPASS

Heidi Wahl

Rhetorik

- Überzeugend reden
- Die besten Tipps für jeden Anlass

Die Autorin

Heidi Wahl ist seit 15 Jahren für Radio, Print- und Onlinemedien tätig. Während ihrer Arbeit als Reporterin und Moderatorin beim Hörfunk fing sie an, sich mit Sprechtechniken, Rhetorik sowie freier Rede zu beschäftigen. Inzwischen liegt ihr beruflicher Schwerpunkt als PR-Beraterin auf der Entwicklung und Umsetzung von kundenorientierten Kommunikationskonzepten. Zudem moderiert sie Diskussionen, konzipiert Events und ist in der journalistischen Ausbildung tätig. Für Manager und Unternehmer schreibt Heidi Wahl Reden und Vorträge für verschiedene Anlässe.

→ Check-in

Sie möchten auf Ihre Fragen kurze, prägnante und vor allem verlässliche Antworten erhalten. Dieser GU Kompass bietet Ihnen schnelle Hilfe in allen Situationen, die kein langes Zaudern und Zögern gestatten. Ob unterwegs in der Jackentasche oder immer griffbereit am Arbeitsplatz: Jeder Titel dieser Reihe informiert Sie übersichtlich, aktuell, kompetent und lösungsorientiert.

- Jeder Sachverhalt wird auf einer Doppelseite geklärt. Suchen Sie Ihre Fragestellung, Ihr Stichwort, Ihr Problem im Inhaltsverzeichnis und steigen Sie einfach ein.
- Falls Sie unter großem Zeitdruck stehen und nur das Allernotwendigste nachschlagen möchten, halten Sie sich an das im Inhaltsverzeichnis optisch hervorgehobene „Last-Minute-Programm". Es zeigt Ihnen, worauf Sie keinesfalls verzichten sollten.
- Nutzen Sie den Service-Teil mit seinen ergänzenden Dokumenten sowie weiterführenden Hinweisen zu Büchern und Adressen, um bestimmte Aspekte zu vertiefen.

Die Kunst der geschliffenen Worte, die richtige Sprech- und Atemtechnik können Sie lernen. Peu à peu und in jedem Alter. Dieser Kompass unterstützt Sie bei der Vorbereitung von Auftritten im Berufsalltag, bei Vereinsfesten oder Familienfeiern – von der Stoffsammlung bis zur wirkungsvollen Dramaturgie und dem unvergesslichen Schlusssatz. Ergänzend finden Sie Dos and Don'ts, Checklisten und praktische Tipps, mit denen Sie sich wirkungsvoll in Szene setzen können. Und mit den Pannenhilfen lernen Sie, unangenehme Begleiter wie Nervosität oder Angst in den Griff zu bekommen. Nur Mut!

Inhalt

→

Last-Minute-Programm

Die wichtigsten Punkte im Überblick!

Die farblich und durch Pfeile → gekennzeichneten Abschnitte bilden das Last-Minute-Programm. Halten Sie sich daran, wenn Sie sich auf das Notwendigste beschränken müssen.

Lange vorher: Wissen sammeln

Kurz davor: Der Auftritt naht

1. Antike Vorbilder: Aufbau einer Rede

Ohne die antike Rhetorik wäre die moderne Redekunst undenkbar. Die Prinzipien der Klassiker spiegeln sich heute noch in Reden und Vorträgen wider.

„Reden lernt man durch Reden." Diese über 2000 Jahre alte Aussage des römischen Rhetorikers Marcus Tullius Cicero (106–43 v. Chr.) gilt auch heute noch. Reden ist kein Hexenwerk. Reden kann man lernen. Schritt für Schritt. Und sich das dazugehörige Handwerk aneignen. Sie werden sehen: Mit ein wenig Übung werden Ihre Auftritte in Zukunft immer besser gelingen und das Unbehagen vor einer öffentlichen Rede wird von Mal zu Mal kleiner. Egal ob Sie in Ihrem Job oder im Alltag anderen Menschen etwas präsentieren, sie informieren, überzeugen oder unterhalten möchten.

Die fünf Stufen der Vorbereitung

Auch die griechischen und römischen Redekünstler Sokrates, Platon, Aristoteles und Cicero haben einmal klein angefangen. Großen Wert legten sie bei der Vorbereitung einer Rede auf fünf Arbeitsschritte, die über Inhalt, Taktik und Wirkung einer Rede entscheiden. Ganz am Anfang einer Rede steht die Stoffsammlung („Inventio"). Dabei orientierten sich die antiken Rhetoren an sechs Fragen, die heute als die journalistischen W-Fragen bezeichnet werden: Wer? Was? Wo? Wann? Wie? Warum? Liegen die Ideen und Gedanken vor, geht es an die Gliederung („Dispositio"). Danach folgt das Einkleiden der Gedanken in Worte („Elocutio"). In der „Memoria"-Phase lernten Cicero und seine Kollegen ihre Reden auswendig. Denn in der Antike waren Notizen verpönt – im Gegensatz zu heute! Und am Ende steht schließlich das Halten der Rede („Actio").

Reden nach klassischem Muster

Auf Aristoteles gehen auch die Redegattungen zurück: Schon der antike Redekünstler unterschied zwischen der Ratsrede – vergleichbar mit der heutigen politischen Rede –, der Gerichtsrede und der Prunk- oder Festrede. Die Gliederung richtet sich nach dem jeweiligen Anlass.

Generell besteht seit der Antike eine Rede aus folgenden Komponenten: Anfang, Hauptteil, Schluss. Mit einer knappen Einleitung versucht sich der Redner zunächst das Wohlwollen des Publikums zu sichern. Böse Zungen nennen diese Phase auch Einschmeichelung. Dann kommt der Hauptteil: Nach der Beschreibung der Ist-Situation folgen die Ziele des Redners, dann die Widerlegung der Gegenargumente und schließlich die Vorschläge des Rhetors samt den vorweggenommenen Einwänden. Am Schluss fasst der Redner das Gesagte noch einmal kurz zusammen und spitzt es zu, um das Publikum schließlich auch auf der Gefühlsebene anzusprechen. Am Ende steht die Aufforderung zu einer Handlung: Der Schluss soll in den Köpfen des Publikums haften bleiben und, je nach Gegenstand, zum Handeln oder Umdenken bewegen.

Auf einen Blick

Der Aufbau einer klassischen Rede folgt diesem Muster:

- Redner will Wohlwollen gewinnen
- Beschreibung einer Situation oder eines Falles
- Konsequenz ziehen, neue Möglichkeiten und Ziele formulieren
- Beschäftigung mit den Gegenargumenten
- Eigene Vorschläge und Beispiele begründen
- Mögliche Einwände vorwegnehmen
- Anfeuern und Begeistern des Publikums
- Zusammenfassung, Aufruf zur Tat

2. Rhetorische Figuren

Redefiguren sind das „Salz in der Suppe". Aber Vorsicht: Wenn Sie zu viele Metaphern, Hyperbeln oder Allegorien verwenden, wirkt Ihre Rede schnell gekünstelt.

Rhetorische Figuren sind vielseitig einsetzbar: Bei Präsentationen vor Publikum, beim Schreiben eines Artikels, im Alltag, in künstlerischen Darbietungen bis hin zu Texten in der Werbebranche. Stilmittel zeigen, dass Sprache mehr ist als eine Aneinanderreihung von Worten. Ihren Ursprung haben sie – wie könnte es anders sein? – in der Antike.

Was bringen Stilfiguren?

Mit Redefiguren können Sie eine bestimmte Wirkung erzielen: Etwa die Inhalte Ihrer Rede verständlicher machen, sprachlich anschaulicher gestalten oder auflockern, Spannung erzeugen, wichtige Punkte verstärken oder lebendige Bilder in den Köpfen Ihres Publikums entstehen lassen. Besonders an Bilder erinnern sich Ihre Zuhörer hinterher. Und Sie werden sehen, es macht Spaß, eine Rede sprachlich zu „tunen". Unterteilt werden die überaus vielfältigen rhetorischen Figuren in Bilder, Satz- bzw. Wort- und Klangfiguren.

To do

Achten Sie im Gespräch mit Kollegen, bei Reden von Politikern oder beim Lesen von Romanen auf rhetorische Figuren. Notieren Sie sich die pfiffigsten und probieren Sie die Stilmittel bei nächster Gelegenheit aus.

Sprachlich anschaulicher

Allegorie, Hyperbel und Metapher gehören zu den bildhaften Figuren, die das Gesagte anschaulich und einprägsam machen. Die Metapher (bildhafte Übertragung) ist eine sehr bekannte rhetorische Figur, manche nennen sie sogar das Königskind. Wenn Sie gut mit Metaphern umgehen können, haben Sie schon viel erreicht. Beispiele für Metaphern sind: die Ruhe vor dem Sturm, den Vogel abschießen, paradiesische Zustände. Allegorien (Verbildlichung) finden Sie häufig in Form von Personifikationen – etwa den Sensenmann als Sinnbild für den Tod oder Justitia für Gerechtigkeit. Hyperbel bezeichnet die Übertreibung eines Wortes, um eine häufig gefühlsmäßige Betonung zu erzielen. Beispiele: todmüde, überpünktlich. Zu starke Übertreibung verflacht jedoch die Aussage.

Elegant: die rhetorische Frage

Bei Satz- und Wortfiguren ist die Stellung von Worten oder Satzteilen verändert. Die rhetorische Frage gehört zu dieser Kategorie. Sie ist eine Frage, die die Antwort schon beinhaltet – und eines der wirksamsten sprachlichen Mittel und Führungsinstrumente, die Ihnen als Referent zur Verfügung stehen. Damit können Sie in Ihren Vortrag einsteigen, die Hörer mitreißen oder wieder „aufwecken". Elegant wirkt die rhetorische Frage bei der Einführung eines neuen Abschnitts oder neuen Gedankens. Beispiele: „Haben wir das verdient?", „Essen wir nicht alle zu fett und zu süß?"

Tipp

Wählen Sie Redefiguren sorgfältig aus und setzen Sie sie maßvoll ein. Gehäuft wirken sie schnell manieriert und aufdringlich, aber nicht überzeugend. Bechten Sie, dass Text, Redner und Redefiguren zusammenpassen sollten.

3. Stilelemente für Fortgeschrittene

Mit dem Einsatz von Antithese, Ironie und Suggestivfragen – rhetorische Stilmittel und Strategien für Könner – beeindrucken Sie Ihr Publikum nachhaltig.

Gegensätze ziehen sich an

Neben den unterschiedlichen Redefiguren gibt es die klassischen Satz- und Wortfiguren. Zu ihnen zählt die Antithese, die gedankliche Gegensätze ausdrückt. Beispiel: „Die Ersten werden die Letzten sein." An dem Zitat aus Goethes Faust „Ein Teil von jener Kraft, die stets das Böse will und stets das Gute schafft" erkennen Sie gut, was eine Gegenüberstellung von zwei extremen Worten, Inhalten oder Gedanken bietet: Sie sichert Ihnen die Aufmerksamkeit der Zuhörer. Aber Achtung: Bei zu starker Übertreibung schwächt die Antithese Ihre Argumentation eher ab.

To do

Bilden Sie aus folgenden Begriffspaaren eine Antithese: Vorteil–Nachteil, Worte–Taten, positiv–negativ, früher–heute, alt–jung.

Ironie – eine schöne Bescherung

Ironie ist eine klassische Bild-Figur, bei der sich Aussage und Bedeutung unterscheiden. Durch ironische Bemerkungen können Sie Distanz zum Gesagten, zu einem Gesprächspartner oder zu sich selbst (Selbstironie) einnehmen. Charakteristisch an der Ironie ist der subtile Humor oder die humorvolle Kritik. Böswillige Steigerungen sind beißender Spott,

Sarkasmus und Zynismus. Um Ironie richtig zu verstehen, sollten sich Zuhörer und Sprecher im selben Kontext befinden. Sonst drohen Missverständnisse.

Witze machen oder nicht?

Während in den USA Reden ohne Humor „out" sind, herrscht in Deutschland die Meinung vor, dass Seriosität und Humor zweierlei sind. Doch langsam wandelt sich diese Ansicht. Humor hat Vorteile: Er baut Spannungen ab, erzeugt Lacher oder schafft ein „Wir-Gefühl". Achten Sie auf die kleinen, aber feinen Unterschiede zwischen Humor, Ironie, Spott oder Zynismus. Oft wird empfohlen, eine Rede mit Witzen zu würzen. Seien Sie gewarnt: Zwar führt ein gelungener Witz zu einem herzhaften Lacher, er kann beim Publikum aber auch überhaupt nicht ankommen. Und das wird Ihnen so schnell nicht nachgesehen. Falls Sie Witze einbauen wollen, achten Sie darauf, dass der Witz zu Ihnen passt, niemand verletzt wird, und kündigen Sie den Witz auf keinen Fall vorher an.

Die Strategie der Suggestion

Mit der richtigen verbalen bzw. rhetorischen Taktik können Sie führen und verführen, Vorteile erreichen und Nachteile vermeiden. Eine Form sind Suggestivfragen, die dem Gefragten die Antwort quasi in den Mund legen – wie etwa: „Ist es nicht so, dass ... ?", oder: „Habe ich nicht recht, wenn ich ... ?" Wenn Sie suggestive Fragen einsetzen, sollten Sie fair sein und Übertreibungen vermeiden. Das Vertrauen zwischen Ihnen und den Zuhörern ist sonst schnell gestört.

Auf einen Blick

Ironie, Witz und Humor helfen Ihnen, Ihre Rede zu würzen und Aufmerksamkeit bei den Hörern zu erreichen. Aber: Gehen Sie bewusst damit um und vermeiden Sie Missverständnisse.

4. Formeln für den Aufbau

Damit die Rede beim Publikum ankommt und ihren Zweck erfüllt, sollte sie klar gegliedert sein. Redeformeln helfen Ihnen bei der Strukturierung.

Prinzipiell gilt für Reden die Gliederung Einleitung – Hauptteil – Schluss. Je nach Redeanlass und Publikum können Sie diesen Aufbau zuschneiden und eventuell die Hauptpunkte nochmals unterteilen. In der Literatur finden Sie bewährte Standardgliederungen, die so genannten Redeformeln. Bei der Strukturierung Ihrer Rede können Sie sich an diesen Formeln orientieren und die einzelnen Schemata an Ihre individuellen Bedürfnisse und die aktuelle Situation anpassen.

Fünf-Punkte-Formel

Sie gilt als die bekannteste Redeformel. Ursprünglich wurde sie für den Überzeugungsvortrag entwickelt. Bewährt hat sie sich jedoch auch beim Sachvortrag und bei der Gelegenheitsrede. An die Fünf-Punkte-Formel können Sie sich auch halten, wenn Sie bei einer Diskussion spontan sprechen wollen. So sieht die gebräuchlichste Variante aus:

- Interesse wecken;
- sagen, worum es geht;
- Begründungen und Beispiele bringen;
- Wege zum Ziel aufzeigen und Fazit ziehen;
- zum Handeln auffordern.

Punkt 1 und 2 entsprechen der Einleitung. In dieser Phase wecken Sie die Aufmerksamkeit des Publikums, erklären anschließend das Ziel des Vortrags oder vertreten eine bestimmte Position. Punkt 3 ist der Hauptteil, in dem die Meinung oder der Standpunkt begründet und mit Beispielen untermauert werden. Nach dem Fazit (Punkt 4) folgt am Ende der Appell (Punkt 5).

Pro-und-Contra-Formel

Diese Formel kennen Sie vielleicht auch unter dem Namen Plus-Minus-Formel; sie ist eine Weiterentwicklung der Fünf-Punkte-Formel. Zum Einsatz kommt die Plus-Minus-Formel meist in einer sachbezogenen Rede, bei der die Vor- und Nachteile oder Pro und Contra, also zwei konträre Positionen, gegenübergestellt werden sollen:

- Interesse wecken;
- Problem definieren;
- Meinung der Gegenposition aufzeigen;
- gegnerische Hauptargumente entkräften;
- eigene Haltung/Position darstellen;
- eigene Position überzeugend mit Argumenten begründen;
- Folgerungen/Fazit zugunsten der eigenen Position ziehen;
- zum Handeln auffordern.

Drei-Zeiten-Formel

Die Drei-Zeiten-Formel eignet sich besonders für visionäre Reden mit einem abschließenden Blick in die Zukunft. Wenn Sie eine Rede beispielsweise über die zukünftige Entwicklung Ihrer Abteilung oder Ihres Vereins halten wollen, können Sie sich an dieser zeitlichen Gliederung orientieren:

- gestern,
- heute,
- morgen.

Tipp

Wählen Sie die Struktur Ihrer Rede bewusst aus: Sie sollte sowohl zu Ihrem Thema als auch zu Ihnen und Ihrem Zuhörerkreis passen.

5. Besser konzentrieren

Unser Gehirn ähnelt einem Muskel: Je mehr wir es fördern und fordern, umso leistungsfähiger wird es. Trainieren Sie Ihre grauen Zellen so oft es geht – es wird nicht nur bei Ihren Reden nützen.

Regelmäßige Pausen einlegen

Sie erinnern sich an Rudi Carrells Fernsehsendung „Am laufenden Band"? Auf einem Band liefen verschiedenste Gegenstände wie Roller, Bügeleisen, Hängematte oder Campingtisch an der Kandidatin vorbei. Alles, was sie im Anschluss aufzählte, bekam sie als Preisgeld. Eine reine Frage der Konzentration. Aber nur ein freier Kopf ist in der Lage, seine Aufmerksamkeit gezielt auf eine Aufgabe zu lenken. Verbeißen Sie sich bei Ihrer Rede-Vorbereitung nicht über Stunden in Ihr Vorhaben, sondern legen Sie regelmäßig Pausen ein. Der optimale Zeitrhythmus liegt bei etwa 90 Minuten konzentrierter Arbeit und 15 bis 20 Minuten Entspannung.

Voll und ganz bei der Sache

Wenn Sie sich ganz auf eine Aufgabe konzentrieren, schweifen Sie weniger vom Thema ab, prägen sich wichtige Dinge rasch ein und erinnern sich zuverlässig daran. Eine gute Konzentrationsfähigkeit ist die wichtigste Voraussetzung für rasches, effektives und damit erfolgreiches Arbeiten. Im Alltag können Sie Ihre Konzentration schulen: Nehmen Sie sich eine Aufgabe vor, wie beispielsweise einen Brief schreiben, und erledigen Sie dies so schnell und so gut wie möglich. Allein dieser Vorsatz reicht aus, dass Sie präziser und schneller Ihre Arbeit bewältigen, weil Sie sich automatisch stärker und besser konzentrieren. Unerledigtes auf dem Schreibtisch oder Störfaktoren wie Telefonklingeln können Sie daran hindern, effektiv und konsequent Aufgaben zu bearbeiten. Setzen Sie Prioritäten, bündeln Sie Ihre Kräfte und konzentrieren Sie sich aufs Wesentliche. Notieren Sie sich, was Sie in Ihrem Berufsalltag ablenkt, und versuchen Sie möglichst viel davon zu vermeiden. Machen Sie sich eine To-do-Liste, die Sie Punkt für Punkt abhaken: So sparen Sie Energie und der riesige Aufgabenberg ist schon bald auf ein überschaubares Pensum geschrumpft.

Motivieren heißt besser konzentrieren

Eine positive innere Einstellung ist eine weitere wichtige Voraussetzung für größtmögliche Konzentration: Bei Themen, die Sie innerlich bewegen, die von existenzieller Bedeutung sind, mit denen Sie frühere Erfolge verbinden oder die Sie einfach gerne tun, ist Ihre Motivation und damit Konzentration besonders hoch. Das kann so weit gehen, dass Sie so in etwas versunken sind, dass Sie Hunger und Durst völlig vergessen und nichts davon wahrnehmen, was um Sie herum passiert.

Denken Sie daran

Voraussetzungen für eine gute geistige Leistungsfähigkeit sind:

- bewusst abschalten und gezielt entspannen durch Meditationen, Atemübungen, Yoga oder autogenes Training;
- gesunde und ausgewogene Ernährung;
- ausreichend Schlaf;
- Bewegung in frischer Luft, regelmäßige sportliche Übungen;
- nicht zu viele Termine nach Feierabend, kein Freizeitstress.

6. Richtig atmen und sprechen

Atmung, Sprechtempo und Aussprache sorgen für eine interessante und lebendige Vortragsweise. Variationen bringen Dynamik und Spannung in Ihre Rede.

Volle Stimme durch Bauchatmung

Warum füllt die Stimme eines Tenors ganze Opernhäuser aus? Das Geheimnis liegt in der Bauchatmung. Bei der Bauchatmung atmen Sie die Luft durch die Nase ein und leiten sie zum Bauchnabel. Dabei bewegt sich Ihr Zwerchfell und die unteren Rumpfpartien weiten sich in Richtung Bauch, Flanken und Lendenbereich aus. Legen Sie zur Kontrolle die Hände auf den Bauch, er hebt und senkt sich. Nutzen Sie diese Atemtechnik als Sprechtechnik: Die Bauchatmung entspannt den Körper, trägt zur inneren Ruhe bei und hilft so bei der Bekämpfung von Lampenfieber. Gleichzeitig ist eine tiefe und bewusste Bauchatmung die Voraussetzung für eine kräftige, volle und resonanzreiche Stimme.

Tipp

Markieren Sie im Manuskript Atempausen. Nutzen Sie diese bei Ihrer Rede, um sich auf die Bauchatmung zu konzentrieren. Durch das bewusste Einhalten der Atempause kehren Kraft und Ruhe zurück.

Brustatmung nur bei Stress

Die meisten Menschen sind Brustatmer. Sie vernachlässigen das Zwerchfell. Dabei ist der Mensch eigentlich nur bei körperlicher Anstrengung oder Stress auf die flache Brustatmung angewiesen, bei der die Luft durch den Mund eingeatmet wird. Wenn Sie bei Ihrer Rede die Brustatmung einsetzen, besteht die Gefahr, dass Ihnen die Puste ausgeht und Sie geräuschvoll nach Luft schnappen.

Schüchternheit macht leise

Zwei Fehler machen Redner besonders häufig bei Reden vor größerem Publikum: Sie sprechen zu schnell, um Zeit zu sparen, oder aber zu leise – meist ein Zeichen von Schüchternheit. Sollten Sie dazu neigen, sprechen Sie einen Tick lauter und deutlicher, als Sie es von Ihren alltäglichen Gesprächen her gewohnt sind. Erschrecken Sie nicht vor Ihrer eigenen Stimme, sondern erleben Sie Ihre Stimmkraft positiv: als gute Möglichkeit, andere zu erreichen und zu beeinflussen. Je größer der Raum, umso klarer müssen Sie sprechen, um verstanden zu werden und Sinnentstellungen zu vermeiden. Beim Sprechen am Mikrofon reicht Zimmerlautstärke aus.

Nuscheln mögen die Zuhörer nicht

Die meisten Menschen haben bei bestimmten Buchstabenkombinationen kleinere Schwächen. Achten Sie auf die Konsonanten: Wenn harte Konsonanten weich oder weiche hart ausgesprochen werden, stört das die Hörer. Vokalverschiebungen hingegen werden eher als regionale Färbung empfunden. Wenn Sie öfter Silben verschlucken oder zum Nuscheln neigen, sollten Sie Ihre Aussprache durch Training verbessern (→ 7. Sprechverhalten verbessern). Die Zuhörer schalten ab, wenn ein Redner zu undeutlich spricht.

To do

Halten Sie beim Sprechen einen konstanten Abstand zum Mikrofon, damit der übertragene Ton gleichmäßig ankommt. Sonst haben Ihre Zuhörer das Gefühl, dass Sie Ihre Lautstärke ständig variieren.

7. Sprechverhalten verbessern

Einer angenehmen Stimme hört man gern zu. Mit der richtigen Sprech- und Atemtechnik können Sie mehr ausdrücken als nur die reinen Worte Ihres Manuskripts.

Stimmung machen mit der Stimme

Die Stimme verändert sich wie die Atmung je nach Gemütsverfassung und Körperhaltung. Sie kann gereizt, nervös und angespannt oder ruhig, klar und entspannt klingen. Ihre Stimme kann vieles mehr ausdrücken als das, was durch Schrift wiedergegeben wird. Das Wort trägt nicht allein die Bedeutung, sondern wird durch Tonhöhe, Lautstärke, Modulation und Tempo des Sprechers inhaltlich erweitert. Gleiche Texte von verschiedenen Sprechern vorgetragen wirken verschieden. Die Gestaltungsmöglichkeiten in diesem Bereich sind daher unerschöpflich: Experimentieren Sie mit Ihrer Stimme, wählen Sie Ihren persönlichen Stil, der zu Ihnen, dem Thema und Ihren Zuhörern passt.

Tipp

Das Spiel mit der Stimme lässt sich mit Sprech- und Atemtraining lernen. Sie können allein mit Tonband üben oder sich von Stimmtherapeutinnen, Sprechtrainern und Schauspielerinnen ausbilden lassen. Zwei beliebte Übungen für zu Hause: Klemmen Sie einen Korken zwischen die Zähne und lesen Sie dann damit einen Text. Sprechen Sie Zungenbrecher wie „Fischers Fritz fischt frische Fische“ und achten Sie auf Aussprache, Lautstärke und Sprechtempo.

Keine Monotonie aufkommen lassen

Wenn Sie als Sprecher brillieren wollen, sollten Sie alle Register ziehen – gemäß dem Sprichwort „Der Ton macht die Musik". Je nach Anlass können Sie in Abstufungen zwischen lautem Poltern und leisem Sprechen, ja fast Flüstern reden. Mit Hilfe von Tonfall, Betonung und Satzmelodie verdeutlichen Sie Nuancen, die in einem geschriebenen Text durch Doppelpunkt, Unterstreichung, Absatz, Frage- oder Ausrufezeichen erkennbar sind. Der Hörer kann das alles nicht sehen. Durch Ihre wechselnde Stimmführung machen Sie diese visuellen Hinweise für ihn hörbar und die Rede spannend.

Je wichtiger, desto langsamer

Das Tempo ist für Sie eines der Hauptgestaltungsmittel. Die Grunddynamik hängt vom Thema, der Situation und den Zuhörern ab. Sie können wählen zwischen gedehnt langsamer bis hin zu schneller, stakkatoartiger Wortfolge. Variieren Sie das Sprechtempo: Je wichtiger ein Gedanke ist, umso langsamer sollte er ausgesprochen werden. Durch Tempoverzögerungen können Sie zusätzlich Spannung erzeugen. Viele Redner sprechen oft zu schnell. Das kann an Nervosität, Unsicherheit, zu wenig Redezeit oder Desinteresse am Zuhörer und Thema liegen. Wenn Sie zu schnell sprechen, wird die Aufnahmefähigkeit des Publikums überfordert und wichtige Aussagen kommen nicht an.

Denken Sie daran

Pausen sind sehr wichtige rhetorische Mittel, um Abschnitte sinnvoll zu gliedern, Spannung zu erzeugen, Höhepunkte vorzubereiten und Gelegenheit zum Luftholen zu bieten. Pausen – am besten nach dem Ausatmen – beugen zu schnellem und hektischem Sprechen vor.

8. Ihr individueller Redestil

Jeder Redner hat seine eigene Art, seinen eigenen Stil. Nutzen Sie Ihren eigenen Charme, bauen Sie ihn aus.

Keine Kopien bitte!

Haben Sie eine Lieblingsschauspielerin? Würden Sie gerne so wortgewandt sein wie ein bestimmter Fernsehmoderator oder eine Politikerin? Selbst wenn Sie von anderen Menschen und deren öffentlichen Auftritten beeindruckt sind: Kopieren oder übernehmen Sie nicht deren Sprechweise, Gestik oder Mimik. Bleiben Sie sich selbst treu! Denn Sie wären immer nur die Kopie und würden meist als solche sofort erkannt. Redestil ist etwas ganz Persönliches. Sie können nur überzeugen, wenn Sie Ihre eigene Art des Vortrags bewahren und keine einstudierten Worte oder Gesten benutzen. Sie werden sehen: Je öfter Sie kurze oder längere Vorträge halten, desto sicherer werden Sie und finden Ihren individuellen Stil.

Tipp

Entwickeln Sie Ihre eigene Marke: Tragen Sie immer ein farblich auffälliges Einstecktuch oder Accessoires wie große Ringe – ein Lolli wie Kojak sollte es vielleicht nicht gerade sein.

Frontal oder interaktiv?

Aufgrund des Redeanlasses, des Publikums und des Ortes haben Sie oft keine Wahl: Sie als Rednerin stehen vorne, vielleicht sogar auf einem Podest, und die Zuhörer sind Ihnen gegenüber platziert. Wie früher in der Schule, beim Frontalunterricht. Bei Preisverleihungen, Jubiläen oder betrieblichen Versammlungen ist das oft die Normalsituation. Doch selbst diese recht starre Positionierung können Sie auflockern. Machen Sie es wie Profiredner, die das Publikum in ihren Vortrag einbinden: Redefüchse stellen beispielsweise Fragen, die die Zuhörer per Handzeichen oder sprechend mit „Ja" und „Nein" beantworten. Um die Aufmerksamkeit zu erhalten oder wieder zu gewinnen, können Sie auch mit einer Pinwand arbeiten oder einen Text auf die Videowand projizieren – mit der Bitte, ihn zu lesen.

Dialoge wirken lebendig

Reden werden auch lebendig, wenn Sie kleine Szenen, überraschende oder amüsante Dialoge einbauen. Sie können wie im Film oder Theater Menschen, Tiere oder sogar Gegenstände auftreten und miteinander sprechen lassen. Sie können auf dem Podium auch mal ein Verkaufsgespräch spielen oder eine Szene beim Einkaufsbummel. Der Effekt: Alle Zuhörer schauen konzentriert auf die Bühne und der Vortragende hat die volle Aufmerksamkeit. Ein anderes Beispiel: eine Rede, geschrieben als flottes Frage- und Antwortspiel nach dem Vorbild „Papa, Charly hat gesagt". Selbst komplexe Themen können Sie so in lockerer Form erläutern. Dialoge sind generell hörerfreundlicher als lineare Vorträge.

Auf einen Blick

So finden Sie Ihren Stil:

- Beachten Sie zu Beginn Ihrer Rednerkarriere die für alle geltenden rhetorischen Grundregeln.
- Feilen Sie an Sprechtechnik, Körpersprache und schärfen Sie Ihr Gespür für die jeweilige Situation.
- Wenn Sie mehr Routine haben, können Sie Ihrer Individualität Raum geben, sich zu Ihren Vorlieben bekennen und sogar experimentieren.

9. Reden im privaten Bereich

Kein Jubiläum ohne Laudatio, keine Familienfeier ohne „die passenden Worte". Mit etwas Übung meistern Sie Ihre privaten Auftritte souverän.

Je nach Anlass und Publikum können drei typische Redeformen unterschieden werden: Die Meinungs- oder Überzeugungsrede, die Informations- oder Sachrede sowie die Fest- oder Gelegenheitsrede. Prinzipiell sind auch Mischformen möglich. Am häufigsten kommen Fest- oder Gelegenheitsreden im privaten oder gesellschaftlichen Bereich vor, aber natürlich auch im Beruf. Achten Sie auf die Reihenfolge der zu erwähnenden Hauptpersonen (→ 30. So gelingen Anrede und Einstieg).

Ansprache an Herz und Gefühl

Anlässe für eine Fest- oder Gelegenheitsrede sind Ehrungen, (Betriebs-)Jubiläen, Hochzeiten, Geburtstage, Taufen, Examen, Hausbau oder Vereinsfeste. Aufgabe einer solchen Rede ist es, die gute Stimmung zu heben oder zu halten, die Gäste zu begrüßen oder zu verabschieden, Familienangehörige oder Freunde zu ehren oder ihnen zu gratulieren, aber zum Beispiel auch die Einweihung eines neuen Gebäudes zu würdigen. Die Gelegenheitsrede richtet sich weniger an den Verstand der Zuhörer, sie spricht vielmehr die emotionale Seite an. Mit humorigen Anekdoten oder Bemerkungen gewinnen Sie Herz und Gefühl der Gäste und haben garantiert die ersten Lacher auf Ihrer Seite. So können Sie bei einer Gratulationsrede Zitate des Jubilars einflechten oder bei einer Hochzeitsrede mit der Entschlüsselung des Wortes „Ehe" beginnen: Ehe wie eine „hinterlistige Einrichtung".

Kurz und knackig

Die Gelegenheitsrede kann als Einleitung, Abschluss oder kurze Unterbrechung einer Feier dienen. Da sich die Zuhörer auf die angekündigten Programmpunkte freuen und Ihre Rede selbst nie Grund für das Fest und das Kommen der Gäste ist, sollten Sie nicht länger als zehn Minuten reden. Generell gilt: Achten Sie auf Kürze und Prägnanz! Von diesem Prinzip weicht nur die umfassende Laudatio zu Ehren eines einzelnen Menschen ab. Ein weiterer Spezialfall ist die Trauerrede.

Unangenehm, aber tröstlich

Trauerreden und Nachrufe sind für viele Menschen die schwierigsten und unangenehmsten Reden. Einmal natürlich wegen des traurigen Anlasses und zum anderen wegen der besonderen Situation auf dem Friedhof und am Grab. Eine Trauerrede sollte möglichst kurz sein, denn die Beerdigung ist für die Hinterbliebenen ohnehin schon eine schwere seelische Belastung. Sie erfordert daher besonders viel Fingerspitzen- und Feingefühl bei den Formulierungen. Halten Sie sich an die Grundregel, über Verstorbene nur Gutes zu sagen. Bemühen Sie sich, echtes Gefühl auszudrücken und positive Erinnerungen zu wecken, vermeiden Sie Pathos sowie nichts sagende Phrasen.

Gut zu wissen

Bewährter Aufbau einer Fest- oder Gelegenheitsrede nach der GGGGG-Formel:

- Gruß, Anrede und Dank für die Einladung
- Grund des Festes: Warum feiern wir?
- Geschichten: Ehrung, Auszeichnung, Erlebnisse, Rückblick
- Glückwunsch: Aufforderung, Zukunft, Optimismus
- Geschenk, Abschluss: Dank und Glas erheben

10. Reden im Beruf

Wer die Karriereleiter erklimmen will, sollte im Job überzeugend seine Meinung vertreten und sein Wissen vermitteln können – und zwar vor kleinen und vor großen Gruppen.

Neutral informieren

Bei der Informationsrede oder Sachvorträgen geht es in erster Linie um Wissensvermittlung: Sie wollen informieren, instruieren, Sachverhalte darstellen und klären. Bei den Zuhörern wird also der Verstand angesprochen – etwa bei beruflichen oder wissenschaftlichen Fachvorträgen, in der schulischen und beruflichen Bildung sowie bei Geschäfts-, Messe- und Lageberichten. Als Referentin sollten Sie Ihre persönliche Meinung zurückhaltend äußern, da die Sache im Vordergrund steht und nicht Ihre Person.

Monologe auflockern

Bei Informationsreden treffen Sie oft auf einen homogenen Teilnehmerkreis wie Kolleginnen und Mitarbeiter, die zu einem bestimmten Thema eine Weiterbildung erhalten. Fragen können in der Regel erst am Schluss gestellt werden. Überprüfen Sie daher während der Rede durch Blickkontakt, ob das Gesagte ankommt. Durch die passive Rolle ermüdet das Publikum rasch. Daher sollte Ihr Vortrag nicht zu lange dauern. Üblich sind bei Sachvorträgen etwa 30 Minuten und bei wissenschaftlichen Vorträgen rund 45 Minuten. Achten Sie auf eine klare Gliederung, einen logischen Aufbau und eine sachliche Sprache, das unterstützt die Wissensvermittlung. Der Einsatz von Tageslichtprojektor, Beamer oder Flipchart erleichtert Ihnen die Informationsvermittlung, lockert den Monolog auf und sichert die Aufmerksamkeit der Zuhörer (→ 21. Besser veranschaulichen).

Für Ideen und Ansichten werben

Im beruflichen, politischen und gesellschaftlichen Alltag kommt die Überzeugungs- oder Meinungsrede häufig vor. Und zwar immer dann, wenn andere Menschen für Ideen zu gewinnen oder von Ansichten und Meinungen zu überzeugen sind. In jeder Überzeugungsrede steckt eine klare und unmissverständliche Handlungsaufforderung. Was ist zu tun? Was ist zu unterlassen? Wählen Sie dafür kleine, realistische Schritte. Denn jede Umstellung und Verhaltensänderung bedeutet ein Risiko und das ist für die meisten Menschen mit Angst verbunden.

Überzeugen und wirken

Entscheidend für den Erfolg der Rede ist die Persönlichkeit des Redners: Wer jemanden überzeugen will, muss selbst überzeugt, glaubwürdig und emotional beteiligt sein. Beachten Sie, dass neben dem, was Sie sagen, das „Wie" eine entscheidende Rolle spielt. Sprechen Sie die Gefühle der Zuhörer an. Sie sollten sachlich bleiben, aber an ihr Herz, an ihren Anstand und ihre Werte dürfen Sie schon appellieren.

Auf einen Blick

- Achten Sie bei Informationsreden und wissenschaftlichen Vorträgen auf einen klaren, logischen Aufbau (Länge: ca. 30 bis 45 Minuten).
- Überprüfen Sie mit Blickkontakt, ob das Gesagte beim Publikum ankommt.
- Jede Überzeugungsrede fordert zum Handeln auf. Mit realistischen Vorschlägen können Sie Ihr Publikum für sich gewinnen (Länge: ca. 20 Minuten).
- Sprechen Sie die Gefühle der Zuhörer an, ohne unsachlich zu werden. Vertreten Sie Ihren Standpunkt überzeugend.

11. Kundenorientiert reden

Bei Verkaufsvorträgen sind die Redner meist großem Erfolgsdruck ausgesetzt: Nach der Präsentation der Produkte soll es zum Vertragsabschluss kommen.

Die Anlässe für Verkaufsvorträge sind ganz unterschiedlich: Sie müssen etwa auf einer Messe ein neues Produkt einem großen Publikum vorstellen, ein neues Segment bei einem Kunden „inhouse" vor wenigen Gesprächspartnern präsentieren oder gegen mehrere Mitbewerber Ihre Produktlinie vertreten. Eine Verkaufsrede hat Ähnlichkeiten mit der Meinungs- und Überzeugungsrede: Am Ende steht die Handlungsaufforderung. Das klassische Verkaufsgespräch findet zwischen zwei Personen, dem Verkäufer und dem Kunden, statt. Viele Verkäufer nehmen aber zu „schwierigen" Kunden eine Vertrauensperson mit, zum Beispiel einen erfahrenen Kollegen oder die Verkaufsleiterin.

Bedürfnisse entschlüsseln

Prinzipiell gilt: Bereiten Sie sich nicht nur inhaltlich, sondern auch taktisch vor. Analysieren Sie Ihren letzten Kundenkontakt: Welche Argumente haben Sie benutzt und wie hat Ihre Kundin reagiert? Nur wenn Sie die Bedürfnisse kennen, können Sie überzeugend auftreten. Versuchen Sie auch bei Neukunden im Vorfeld möglichst viel über deren Wünsche zu erfahren, um punkten zu können. Will er Kosten reduzieren, Abläufe verbessern, eine bessere Qualität oder eine kompetente Beratung?

Gewinnen Sie Vertrauen

Stellen Sie bei der Offerierung des Angebots Ihre Problemlöse-Kompetenz, Ihr Fachwissen und Ihre Erfahrung dar, aber übertreiben Sie nicht. Seien Sie authentisch: Reden Sie natürlich und glaubwürdig. Sie sollten Ihre eigenen Worte statt blumiger Prospektausdrücke verwenden und auf Referenzkunden verweisen: Namedropping verschafft Anerkennung, ohne sich selbst auf den Sockel zu heben. Aber auch hier gilt: Bitte nicht übertreiben! Erläutern Sie den Zuhörern anschließend, welche Gedanken Sie sich zu ihrer Situation gemacht haben. Das schafft Vertrauen. Erläutern Sie den Ist-Zustand und entwickeln Sie daraus ein Szenario, das zum Problem werden könnte. Danach schildern Sie die wünschenswerte Zukunft. Der Kunde muss die Notwendigkeit der Veränderung erkennen.

Ihr Gegenüber einbeziehen

Dann können Sie Ihre Verkaufsargumente vorbringen. Wählen Sie diese anhand der Bedürfnisanalyse aus und fassen den Nutzen zusammen. Sie sollten keine Killerphrasen einsetzen, sondern kundenorientierte Formulierungen nach dem „Sie-Standpunkt“. Beispiel: „Probieren Sie das in der Praxis aus.“ Dadurch fühlt sich Ihr Publikum angesprochen und in den Vortrag mit einbezogen – eine gute Ausgangsposition für den Geschäftsabschluss. Falls es nicht dazu kommt: Geben Sie nicht auf, vereinbaren Sie einen Folgetermin oder bieten Sie Sonderkonditionen (Rabatte, Zusatzleistungen) an. Unnötigen Druck auf Ihren Kunden sollten Sie vermeiden.

Auf einen Blick

Fünf-Phasen-Aufbau eines Gesprächs oder einer Verkaufsrede:

- Kontakt schaffen
- Ermittlung des Kundenbedürfnisses
- Angebot offerieren
- Nutzenargumentation, Gegenargumente, Preis
- Verkaufsabschluss

12. Keine Angst vor spontanen Reden

Unverhofft kommt oft: Plötzlich sollen Sie vor Publikum eine Rede halten, unvorbereitet, aus dem Stegreif. Auch wenn Sie am liebsten schweigen würden: Nutzen Sie die Chance!

Aus dem Stegreif

Die Stegreifrede ist keine eigene Redeform im eigentlichen Sinne wie die Fest- oder Gelegenheitsrede, Meinungs- oder Überzeugungsrede und die Sach- oder Informationsrede. Doch jede dieser Redeformen kann Grundlage für eine Stegreifrede sein. Der Begriff Stegreifrede wird immer dann verwendet, wenn jemand aus einer bestehenden Situation heraus, also ohne Vorbereitung, eine Rede hält. Eine solche Situation ist weder im Job noch bei privaten und gesellschaftlichen Anlässen auszuschließen: Sie selbst möchten vielleicht aus eigener Initiative das Wort ergreifen, weil Sie kurz entschlossen Position beziehen wollen, oder aber Sie werden gebeten, ein paar Worte zu sagen.

Gut zu wissen

Wenn Sie zu einer Stegreifrede aufgefordert werden, sollten Sie Ausreden und bekannte Floskeln wie „Ich bin keine gute Rednerin" oder „Ich bin nicht vorbereitet" vermeiden. Das interessiert Ihre Zuhörer nicht. Im Gegenteil: Solche Formulierungen werden als Ausreden empfunden. Reden Sie nicht zu schnell, um Zeit zu gewinnen und Ihre Gedanken peu à peu entwickeln zu können.

Selbstbewusst auftreten

Wenn Sie nun das Schicksal einer spontanen Rede ereilt hat, sollten Sie selbstbewusst an die Aufgabe herangehen und sich auf Ihren Auftritt konzentrieren. Auch wenn Sie am liebsten vor Lampenfieber und Herzklopfen weglaufen würden, sollten Sie sich stattdessen klar machen, dass im Prinzip jeder Wortbeitrag im Gespräch oder in einer Diskussion eine Mini-Stegreifrede ist. Das beruhigt und gibt Selbstvertrauen. Und noch ein kleiner Trost: Es gibt nicht viele Menschen, die aus dem Stegreif eine rundum gelungene Rede halten können.

Gliederung zurechtlegen

Wichtig ist, dass Sie sich bei einer Stegreifrede auf eine kleine Hilfe verlassen können. Sie sollten sich deshalb eine vielseitig einsetzbare Gliederung wie die Fünf-Punkte-Formel oder die Drei-Zeiten-Formel, die Ihnen als roter Faden für die Orientierung dient und an der Sie sich entlanghangeln können, bereitlegen (→ 4. Formeln für den Aufbau). Ein ganz einfaches Schema – und gut zu merken – ist die Dreiteilung: Einleitung, Hauptteil und Schluss. Stellen Sie zu Beginn Ihres Kurzstatements zunächst Ihre eigene Position dar, die Sie dann im Hauptteil mit Argumenten und Beispielen begründen. Am Ende sollte die Schlussfolgerung und bei Überzeugungsreden eine Handlungsaufforderung stehen.

To do

Um sich auf spontane Redebeiträge vorzubereiten, bietet sich folgende Übung an: Wählen Sie ein Thema aus Ihrem Leben, das Ihnen aus dem Herzen spricht oder das Sie gerade am meisten beschäftigt, und sprechen Sie fünf Minuten darüber. Spannender wird es, wenn Sie über ein Gebiet sprechen, von dem Sie keine Ahnung haben.

13. Frauen – ein Sonderfall?

Sprache spiegelt Kultur und Geschichte, unsere Einstellung und Gefühlswelt wider. Auch Rollenbilder und Verhaltensmuster spielen eine wichtige Rolle.

Frauen trauen sich oft nicht

Die Gehirnforschung hat bestätigt: Frauen sind im Durchschnitt in allen Bereichen der Kommunikation begabter als Männer. Aber Frauen nutzen ihre sprachlichen Fähigkeiten nicht ausreichend. Seit jeher werden sie weniger dazu angehalten, ihre Meinung klar und deutlich zu sagen und diese zu verteidigen. Deswegen sind viele Frauen gehemmter als Männer, wenn sie vor größerem Publikum sprechen sollen. Die Folge: Frauen weichen solchen Herausforderungen oft aus, weil sie nicht zum gelernten Rollenbild passen. Damit ist das Problem jedoch nicht behoben, sondern nur verschoben. Die nächste Aufforderung zu einer Rede kommt bestimmt. Frauen sollten nicht zu selbstkritisch sein: Überprüfen Sie Ihren Anspruch. Niemand erwartet gleich rhetorische Glanzleistungen. Trauen Sie sich.

Bonus für die Männer

Psychologische Forschungen attestieren Frauen und Männern unterschiedliches Verhalten in Diskussionen: Redebeiträge von Männern werden mehr beachtet und ernster genommen als die von Frauen. In Diskussionen unterbrechen Männer häufiger und sind rücksichtsloser als Frauen. Das ist negativ im gemeinsamen Gespräch. Männer sind aber direkter und bestimmter, was sich bei einer Rede positiv auswirkt. Frauen sind kommunikativer, kooperativer, fantasievoller und vertrauen ihrem Gefühl mehr. In Gesprächen sind solche Fähigkeiten von Vorteil. Frauen reden aber auch öfter drum herum, sind weniger direkt und auffordernd, was sich bei einem Vortrag nicht gut macht: Sie wirken weniger glaubwürdig.

Vorsicht vor Bewertungsfallen

Obwohl im Job erwartet wird, dass Frauen wie Männer präzise auf den Punkt kommen, gibt es typische Bewertungsfallen: Sprechen Frauen leise und zurückhaltend, werden sie nicht beachtet und nicht ernst genommen. Sprechen Frauen jedoch selbstsicher, selbstbewusst und bestehen auf ihrer Meinung, gelten sie schnell als unweiblich und aggressiv. Wichtig ist hier neben einem ausgewogenen Sprechverhalten auch die richtige Kleidung (→ 37. Pannenhilfe: Die passende Kleidung).

Auf allen Ebenen punkten

Frauen haben – bedingt durch den geringeren Resonanzkörper – eine höhere und etwas leisere Stimme. Mit einer guten Sprechtechnik lässt sich das problemlos ausgleichen. Punkten können Frauen, indem sie topp vorbereitet sind, strukturiert argumentieren und sinnvoll gliedern. Frauen tendieren aufgrund typisch weiblicher Sprach- und Verhaltensmuster dazu, die Wirkung ihrer Argumente zu schmälern, indem sie auf der Beziehungsebene durch sprachliche Formulierungen wie „Ich glaube, ich würde …", durch ihren Tonfall oder ihre Gestik und Mimik Signale ausstrahlen, die als Unsicherheit gedeutet werden können.

Tipp

Vermeiden Sie als Rednerin Verniedlichungen wie „Tässchen" Kaffee oder Beschönigungen und Untertreibungen wie „laut werden" statt „schreien"; setzen Sie selten den Konjunktiv ein. Hängen Sie an Ihre Aussagen keine Fragen wie: „… nicht wahr?" Reden Sie Klartext.

14. Wie viel Zeit für die Vorbereitung?

Setzen Sie sich nicht in letzter Sekunde an Ihre Rede. Das kostet Zeit und Nerven. Fangen Sie rechtzeitig an, gehen Sie systematisch vor und machen Sie sich einen Plan.

Gute Vorbereitung schont die Nerven

Ganz selten werden Sie spontan, aus dem Stegreif, reden müssen. In den meisten Fällen wissen Sie rechtzeitig, dass Sie für eine Rede eingeplant sind. Das gilt im beruflichen Bereich und bei privaten Anlässen. Nutzen Sie die Zeit von Ihrer Zusage bis zu Ihrem Auftritt für eine gute Vorbereitung. Beginnen Sie rechtzeitig, sodass Sie zwischendurch Ihre Ausarbeitungen mal ruhen lassen und einen Probevortrag halten können. Das Wissen um eine gute Vorbereitung beruhigt die Nerven ungemein.

Zeitersparnis durch gezieltes Lesen

Zu einer zeitökonomischen Vorbereitung trägt gezieltes Lesen bei. Wenn Sie ein Buch für Ihre Rede auswerten, sollten Sie zunächst den Klappentext lesen und das Inhaltsverzeichnis sowie – falls vorhanden – Einleitung und Zusammenfassung studieren. Legen Sie dann sofort beiseite, was Sie für uninteressant halten. In Zeitungen und Zeitschriften steht bei Meldungen das Wichtigste am Anfang. Nebensächliches folgt am Schluss. In Kommentaren dagegen finden Sie die Schlussfolgerung, also die wichtigste Aussage des Verfassers, erst im letzten Absatz. In wissenschaftlichen Artikeln wird üblicherweise in der Einleitung das Problem dargestellt, zu Beginn des Hauptteils ein Lösungsweg aufgezeigt und daran anschließend die Lösung erläutert. Oft gibt es ein Summary, also eine Zusammenfassung. Darüber hinaus sollten Sie lernen, Texte zu überfliegen bzw. diagonal zu lesen, um sich in möglichst kurzer Zeit über den Inhalt zu informieren. So erfahren Sie, ob etwas für Ihre Rede Verwertbares darin steht.

Gut zu wissen

Hilfreich ist das folgende Zeitraster für die Vorbereitung von Sach- und Überzeugungsreden:

Zeit	**Zu erledigende Aufgaben**
ca. 4 Wochen vorher	Atem- und Stimmübungen regelmäßig machen
ca. 4 Wochen vorher	Informationen, Ideen und Argumente sammeln
ca. 3 Wochen vorher	Vortragsziel formulieren, Redezeit festlegen
ca. 3 Wochen vorher	Recherche über die Zielgruppe: Wer ist mein Publikum?
ca. 3 Wochen vorher	Stoffsammlung, Ideen und Argumente sortieren und strukturieren sowie bezüglich Redeziel, Zeit und Zuhörer überdenken
ca. 2 Wochen vorher	Anfang und Schluss ausarbeiten
ca. 2 Wochen vorher	Text verständlich gestalten und formulieren
ca. 10 Tage vorher	Redefiguren auswählen und ausarbeiten
ca. 10 Tage vorher	Visualisierungen und Handouts planen
ca. 1 Woche vorher	Manuskript erstellen – ganz ausformuliert oder auf Stichwortzetteln
ca. 5 Tage vorher	Sprechprobe mit Tonband
ca. 4 Tage vorher	Schaffenspause, Rede liegen lassen, viel Bewegung und frische Luft
3 Tage vorher	Generalprobe mit Videokontrolle oder Freunden
2 Tage vorher	Beseitigen von Stolpersteinen und evtl. kleine Veränderungen oder Umstellungen vornehmen
1 Tag vorher	Manuskript oder Stichwortzettel durchlesen, Erinnerung auffrischen
Der Tag X	Entspannung und Bewegung vor dem Vortrag

15. Zeitfresser entdecken und abstellen

Telefonieren, Kaffee kochen, Schreibtisch aufräumen: Es gibt viele Möglichkeiten, sich ablenken zu lassen. Identifizieren Sie Zeiträuber und verbannen Sie sie.

Wichtige und dringliche Aufgaben

Ein effizienter Arbeitsstil setzt voraus, dass Sie Ihre Tätigkeiten einordnen und gewichten. Sie sollten sich daher immer wieder fragen: Führt das, was ich jetzt tun will, zu meinen Zielen? Wenn Sie sich den Unterschied zwischen wichtigen und dringlichen Aufgaben bewusst machen und priorisieren, können Sie viel Zeit sparen und Ihren Arbeitsalltag ökonomisch gestalten. Eine dringliche Aufgabe muss zu einem bestimmten Zeitpunkt erledigt sein. Was nicht heißt, dass die Aufgabe wichtig ist. Wichtige Aufgaben bringen Sie Ihren Zielen näher, das Ergebnis ist am wertvollsten für Sie. Wichtige Aufgaben sollten Sie so bald wie möglich erledigen. Investieren Sie den größten Teil Ihrer verfügbaren Zeit in die Erledigung von sehr wichtigen Vorhaben.

Setzen Sie Prioritäten

Ordnen Sie Ihre Aufgaben und Aktivitäten einer der vier folgenden Hauptkategorien zu:

- Priorität A – wichtig und dringlich: Die Erledigung solcher Aufgaben beeinflusst entscheidend Ihre eigene Zukunft bzw. die des Unternehmens. Die Aufgaben müssen sofort erledigt werden – entweder von Ihnen selbst oder zumindest unter Ihrer Aufsicht.
- Priorität B – wichtig, aber nicht dringlich: Solche Aufgaben sollten Sie selbst erledigen oder delegieren. Bei solchen Tätigkeiten besteht die Gefahr, dass sie von einem

Tag auf den anderen geschoben werden, bis sie tatsächlich dringlich werden. Sorgen Sie dafür, dass solche Aufgaben rechtzeitig abgearbeitet werden.

- Priorität C – nicht wichtig, aber dringlich: Das sind klassische Aufgabe zum Delegieren.
- Priorität D – nicht wichtig und nicht dringlich: Damit sollten Sie weder sich noch Ihre Chefin oder Ihre Mitarbeiter belasten. Ab in den Papierkorb.

Intelligente Planung spart Zeit

Neben einer klaren Gewichtung der Aufgaben und einer Planung nach Prioritäten können Sie mit einigen Tricks im Arbeitsalltag enorm viel Zeit sparen: Richten Sie feste Sprechzeiten für Mitarbeiter ein, sodass Sie weniger gestört werden. Benutzen Sie nur einen einzigen Terminplaner für alles. Erstellen Sie täglich eine To-do-Masterliste, aber planen Sie immer einen Zeitpuffer für Unvorhergesehenes ein. Überprüfen Sie zudem täglich Ihr Terminmanagement: Habe ich tatsächlich so viel Zeit gebraucht wie vorgesehen? Oder mehr? Oder weniger?

Denken Sie daran

Klassische Zeitfresser, die Sie möglichst schnell eliminieren oder zumindest reduzieren sollten:

- unproduktive Sitzungen;
- unstrukturiertes Vorgehen, alles Mögliche erst einmal machen und ausprobieren;
- mangelnde Ordnung und Organisation; Suchen von Telefonnummern und Unterlagen kostet Zeit;
- Perfektionismus: Alles klären und doppelt absichern zu wollen kostet extrem viel Zeit;
- unwesentliche Aufgaben, die Sie sich aufdrängen ließen.

TIPP: Lernen Sie Nein zu sagen.

16. Anlass und Ziel definieren

Entscheiden Sie sich: Welche Botschaft möchten Sie wem auf welchem Weg vermitteln? Nur mit einem klaren Ziel erreichen Sie das, was Sie wollen.

Die eigene Position festlegen

Wer vor einem großen oder kleinen Zuhörerkreis reden will, sollte als Erstes klären: Was ist der Anlass? Welche Botschaft will ich vermitteln? Welches Ziel will ich erreichen? Je nach Anlass und Publikum kann der Zweck Ihrer Rede sein:

- informieren oder unterrichten,
- motivieren oder inspirieren,
- überreden oder überzeugen,
- unterhalten oder amüsieren.

Eine Professorin an der Hochschule, ein Politiker im Wahlkampf und eine TV-Moderatorin verfolgen ganz unterschiedliche Ziele mit ihren Wortbeiträgen. Legen Sie Ihre Position fest und klären Sie genau ab, was Sie mit Ihrem Vortrag erreichen wollen. Der Zweck bestimmt auch die gesamte Vorbereitung Ihrer Rede – von der Materialsuche und -auswertung bis zur Gliederung.

Denken Sie daran

Formulieren Sie den Titel Ihres Vortrags interessant, präzise und positiv. In negativen Beschreibungen liegen viele Fallen: Erstens geht niemand zu einer Veranstaltung, auf der getadelt wird, und zweitens besteht die Gefahr, dass Sie sich rechtfertigen müssen.

Thema und Anlass klären

Die meisten Anlässe und Termine für Reden im privaten und beruflichen Bereich stehen lange vorher fest. Sie sollten die Zeit für die Vorbereitung nutzen, das kommt der Qualität und Wirkung Ihrer Rede zugute. Klären Sie mit dem Veranstalter oder Ihrem Ansprechpartner dessen Erwartungen, die genaue Bezeichnung und Inhalte des Themas. Was gehört dazu, was nicht? Gibt es Vorgaben? Eventuell müssen Sie sich mit Vorrednern oder nachfolgenden Referenten abstimmen, um Dopplungen zu vermeiden. Achten Sie dabei auf Klarheit und Eindeutigkeit von Begriffen.

Setzen Sie sich konkrete Ziele

Ihre Rede wird nur dann erfolgreich sein, wenn Ihre Redeziele konkret beschrieben und überprüfbar sind – gerade für das Publikum. Wirkungsvolle Ziele können sein:
Eindeutigkeit: Seien Sie konkret und führen einzelne Punkte auf, die beispielsweise verbessert werden sollen.
Messbarkeit: Ein Vorher-Nachher-Vergleich sollte möglich sein. Je exakter die Vorgaben, desto größer die Erfolgskontrolle und desto eher sind Ihre Zuhörer bereit, Ihnen zu folgen.
Erreichbarkeit: Ihr Plan muss realistisch erscheinen. Der Weg, der zum Ziel führt, sollte nachvollziehbar sein.
Wichtigkeit: Bringen Ihre Ziele den Zuhörern Vorteile? Das Publikum sollte sie verstehen, akzeptieren und sich mit ihnen identifizieren können.

Tipp

Sie sollten sich ein möglichst genaues Bild von Ihrem Publikum machen. Denn je besser Sie es kennen, desto gezielter können Sie es ansprechen. So fühlen sich Ihre Zuhörer persönlich wertgeschätzt – ein Pluspunkt für Sie.

17. Stoff sammeln und gewichten

Zerbrechen Sie sich erst am Ende den Kopf über den Einstieg. Planen Sie zunächst den Hauptteil und sammeln den dafür notwendigen Stoff.

Ideen zusammentragen

Wenn Sie sich entschieden haben, über welches Thema Sie reden werden und welche Ziele Sie verfolgen, können Sie mit der gezielten Stoffsammlung beginnen. Suchen Sie zum Beispiel im Internet. Geben Sie in Suchmaschinen (www.google.de) die Schlüsselbegriffe Ihrer Rede ein. Tipps und Ratschläge können Sie sich auch bei Kollegen, Freunden und Experten holen. Neben dem Studium der einschlägigen Literatur sollten Sie Anekdoten und Zitate, aber auch Grafiken, Zeichnungen oder Bilder sammeln.

Tipp

Kaufen Sie sich ein kleines Notizbuch, das in jede Hosentasche passt. Notieren Sie darin gute Ideen oder komische Situationen, denkwürdige Gespräche und Besonderheiten Ihres Alltags oder Erlebnisse von Freunden. Stichworte genügen.

Werden Sie zum Jäger und Sammler

Falls Ihnen spontan gute Ideen zu Ihrem Vortrag einfallen – unter der Dusche, in der U-Bahn, beim Spazierengehen –, ist es wichtig, dass Sie Ihre Einfälle notieren. Wenn Sie häufiger Vorträge halten, empfiehlt es sich, immer Augen und Ohren offen zu halten. Werden Sie zum Jäger und Sammler!

Legen Sie einen Ordner zu Ihren Fachgebieten oder Stichworten an und aktualisieren Sie diesen regelmäßig, indem Sie Fachliteratur, Nachschlagewerke, Zeitungen und Zeitschriften aufmerksam lesen und interessante Artikel archivieren.

Methoden zur Ideensammlung

Vielleicht haben Sie die kreativen Techniken Mindmapping und Brainstorming schon einmal ausprobiert. Beim Mindmapping (Gedanken-Karte) schreiben Sie das Thema in einen Kreis mitten auf ein Papier. Dann notieren Sie alle Gedanken als Äste an den Kreis. Nebengedanken wachsen wie bei einem Baum als Zweige und kleinste Zweiglein von den Ästen. Nummerieren Sie am Schluss die Äste je nach Wichtigkeit mit Zahlen. Das ergibt die Abfolge. Beim Brainstorming (Geistesblitz) – in der Gruppe oder alleine – schreiben Sie die Ideen auf ein Blatt Papier. Und zwar alles, was Ihnen zum Thema einfällt, ohne Scheu und Tabus. Sortieren Sie dann die Einfälle nach wichtigen Kriterien oder Unterpunkten und stellen Sie Verbindungen her. Nach der Ideensammlung folgt die Eingrenzung: Was ist nützlich und wichtig, was weniger? Sortieren Sie aus, setzen Sie Schwerpunkte und ordnen Sie Ihre Ideen. Es gilt die Rede sinnvoll zu untergliedern – nach logischen und/oder psychologischen Punkten. In vielen Fällen finden Sie durch die Ideensammlung auch den Einstieg in Ihr Thema – oft bieten sich zu diesem Zweck die negativen Aussagen geradezu an, die Sie als Einstiegsthese verwenden und im Lauf Ihrer Rede widerlegen können (→ 30. So gelingen Anrede und Einstieg).

Denken Sie daran

Stellen Sie sich vor, Sie sitzen im Publikum. Welche Aspekte des Themas würden Sie interessieren und welche nicht? So finden Sie meist recht schnell Ideen und Argumente für Ihre Rede.

18. Zehn Schritte bis zum Vortrag

Mit einer guten Vorbereitung haben Sie als Redner schon halb gewonnen. Das A und O dabei: systematisch vorgehen und genügend Zeit einplanen.

Immer schriftlich vorbereiten

Ein Tipp vorneweg: Bereiten Sie sich immer schriftlich vor, machen Sie sich Stichwortzettel und beschränken Sie sich nicht auf ein „Durchdenken". Schreiben Sie Ihren (Arbeits-) Titel auf ein Blatt Papier und schauen bei der Vorbereitung immer wieder drauf, sodass Sie nicht am Thema vorbeiarbeiten. Notieren Sie Ihre spontanen Gedanken oder Ideen und berücksichtigen Sie systematisch zusammengestelltes Recherchematerial. Wenn Sie sich an die Gliederung machen, können Sie die Zettel durch einfaches Umsortieren in die richtige Reihenfolge bringen. Von Vorteil ist eine frühzeitige erste Gliederung. Dann können Sie gezielter und geordneter vorgehen und die einzelnen Teile besser gewichten. Außerdem merken Sie, ob noch Material fehlt.

Mut zur Lücke: Details weglassen

Nicht den ganzen Stoff, den Sie gesammelt haben, müssen Sie bei der Ausarbeitung des Hauptteils berücksichtigen! Lassen Sie mutig Aspekte weg – auch wenn es schwer fällt. Sie können nicht alle Details unterbringen, die Zuhörer wären damit überfordert und würden den Überblick verlieren. Versetzen Sie sich in Ihr Publikum: Welches Wissen ist vorhanden? Lassen Sie Ihre Rede ab und zu ruhen. So kommen Sie aus eingefahrenen Denkschemata heraus und gewinnen Abstand zu Ihrem Werk. Sollten dabei neue, bessere Ideen reifen, empfiehlt es sich, die Gliederung anzupassen.

Einleitung und Schluss

Wenn Ihr Hauptteil steht, liegen der passende Einstieg und Schluss meist auf der Hand. Verschießen Sie aber nicht schon bei der Einleitung Ihr Pulver. Machen Sie nur Appetit! Bei der Formulierung von Anfang und Ende können Sie auf Ihre Stichwortzettel zurückgreifen. Erstellen Sie jetzt das endgültige Redemanuskript (→ 23. Frei sprechen oder ablesen?).

Sicherheit durch Generalprobe

Wenn Sie Hilfsmittel einsetzen wollen, sollten Sie spätestens jetzt darüber nachdenken. Checken Sie, wenn möglich, die räumlichen und technischen Gegebenheiten und machen Sie einen Probevortrag. Entweder allein mit Videokontrolle oder mit Freunden. Bitten Sie, sofern vorhanden, Ihr Versuchsauditorium um offene, aber konstruktive Kritik. Sie stellen bei der Probe fest, ob die geplante Redezeit realistisch und die Gliederung optimal aufgebaut ist sowie ob Ihre Sätze, Übergänge und Beispiele gut ankommen. Das gibt Ihnen Sicherheit und Fehler können noch behoben werden.

Tipp

Orientieren Sie sich an folgendem Ablaufschema:

1. Ziel und (Arbeits-)Titel festlegen
2. Spontanideen notieren, Stoff sammeln
3. Erste Gliederung machen
4. Ausarbeitung des Hauptteils
5. Material ergänzen, falls nötig neue Gliederung
6. Die Rede möglichst ruhen lassen
7. Einleitung und Schluss formulieren, an Titel feilen
8. Endgültiges Rede- oder Stichwortmanuskript ausarbeiten
9. Hilfsmittel und Umfeld vorbereiten
10. Generalprobe

19. Wer sind meine Zuhörer?

Je genauer Sie über Ihre Zuhörer Bescheid wissen, desto besser können Sie Ihre Rede auf das Publikum abstimmen und so Ihre Ziele am ehesten erreichen.

Das Publikum als Partner

Jeder Schauspieler weiß, wie sehr mitgehende und mitfühlende Zuschauer das eigene Agieren beflügeln. Und nichts demotiviert mehr, als ein offensichtlich gelangweiltes Publikum. Auch bei einer Rede ist das Publikum Mitspieler oder Dialogpartner. An den Reaktionen der Zuhörer können Sie ablesen, wie Ihr Vortrag ankommt. Eine Rede kann nur erfolgreich und wirksam sein, wenn sie auf den jeweiligen Zuhörerkreis zugeschnitten ist und ihn weder über- noch unterfordert. Um Ihre Wirkung richtig einzuschätzen, sollten Sie ein Gespür für Ihr Publikum entwickeln. Achten Sie bei Tagungen, Diskussionen und Festvorträgen auf das Verhalten der Zuhörer: Wann sind sie gelangweilt, unruhig oder fasziniert? Beobachten Sie zudem die Reaktionen des Publikums auf unterschiedliche Redner-Typen und während der verschiedenen Rede-Phasen.

Sympathie aufbauen

Auch wenn Sie noch so aufgeregt sind: Wichtig für einen erfolgreichen Auftritt ist eine positive Stimmung zwischen Ihnen und dem Publikum. Treten Sie dem Auditorium mit Wohlwollen und Achtung gegenüber. Es antwortet im Gegenzug mit Sympathie. Wenn die Zuhörer Sie sympathisch finden, lassen sie sich auf die Rede ein und sind hinterher gnädiger mit ihrem Urteil. Um ein Sympathiefeld aufzubauen, sollten Sie glaubwürdig und selbstsicher auftreten. Machen Sie dem Publikum

Komplimente, die ehrlich gemeint sind. Stellen Sie sich vor, denn alles Bekannte wirkt sympathisch. Verweisen Sie auf gemeinsame Erlebnisse oder Bekannte. Sprechen Sie Zuhörer, die Sie bereits kennen, stellvertretend für alle an. Und vergessen Sie nicht: Halten Sie Blickkontakt. Ein chinesisches Sprichwort sagt: „Der Blick ist das zweite Rückgrat."

Informationen über Ihr Publikum

Über Anzahl, Alter, Geschlecht, Bildungsgrad und Vorwissen sowie den sozialen, wirtschaftlichen und kulturellen Hintergrund Ihres Publikums sollten Sie möglichst viel herausbekommen. Befinden Sich unter den Zuhörern Prominente? Sie sollten auch Bescheid wissen über Erwartungen, Bedürfnisse und Erfahrungen Ihrer Zielgruppe. Hat Ihr Publikum Lieblings- oder Reizwörter, ist es freiwillig anwesend oder handelt es sich um einen Pflichtbesuch? Sind Sie dem Publikum bekannt? Und wie stehen Sie in seinem Ansehen? Diese Fragen sollten Sie vor Ihrem Auftritt beantworten können. Befragen Sie dazu den Veranstalter, frühere Teilnehmer an ähnlichen Vorträgen oder Personen, von denen Sie wissen, dass sie Ihre Veranstaltung besuchen werden.

Gut zu wissen

Prüfen Sie, welche der fünf Zuhörertypen aus der Verhaltenspsychologie Ihrer Zielgruppe angehören:

Der Intellektuelle	verarbeitet abstrakte Inhalte
Der Kommunikative	mag keine Monologe
Der Visuelle	erfasst Informationen v. a. über das Auge
Der Akustische	reagiert vorwiegend auf akustische Reize
Der Haptische	nimmt alles in die Hand, ertastet und erfühlt es

20. Schriftliche Unterlagen

Skripte und Infomaterial finden meist reißenden Absatz beim Publikum. Machen Sie sich den Sammeltrieb zunutze. So bleiben Sie und Ihre Performance im Gedächtnis.

Wenn Ziel, Anlass und der Text Ihrer Rede fest stehen sowie der potenzielle Zuhörerkreis analysiert ist, sollten Sie darüber nachdenken, welche Materialien und technischen Hilfsmittel (→ 21. Besser veranschaulichen) Sie einsetzen wollen.

Der schriftliche Überblick

Wenn Sie Fachvorträge oder Schulungen halten, ist es sinnvoll, die wichtigsten Informationen, Zusammenhänge, Thesen oder Zahlen des behandelten Themas schriftlich zusammenzufassen und an die Zuhörer zu verteilen. Denn niemand kann sich alles merken. Handouts sind eine Hilfestellung, da sie das Gesagte zusätzlich strukturieren. Sie ersetzen jedoch nicht das konzentrierte Zuhören. Gleichzeitig dienen Skripte als Gedächtnisstütze bzw. stellen die Grundlage für anschließende Diskussionen in Seminaren oder bei Meetings dar. Denn die schriftlichen Unterlagen können alle Beteiligten jederzeit heranziehen und so gemeinsam über dieselben Inhalte und Fakten diskutieren. Schriftliche Informationen sind zwar auf-

Tipp

Zeigen Sie Gegenstände bei Ihrer Rede und lassen Sie diese herumgehen. Das sorgt für Aufmerksamkeit und bleibt lange in Erinnerung – besonders bei haptisch veranlagten Menschen.

wändig in der Gestaltung, aber gleichzeitig Werbung für den Redner oder die Referentin.

Optisch ansprechend gestalten

Denken Sie bei der Vorbereitung daran, sowohl die Folien beispielsweise von Powerpoint-Präsentationen als auch Skripte und Handouts optisch ansprechend und übersichtlich zu gestalten. Stellen Sie Überschriften durch Fettungen oder größere Schriftgrade heraus, beschränken Sie die Unterpunkte und überprüfen Sie Grafiken auf ihre Verständlichkeit und ihren Sinngehalt. Wählen Sie generell eine große Schrift und wenige, dafür aber übersichtlich gestaltete Informationen pro Blatt bzw. Folie. Voll geschriebene Blätter, vielleicht sogar noch einzeilig getippt und nur mit kleinem Rand versehen, landen meist im Papierkorb. Und das wäre doch schade, angesichts der Zeit und des Aufwandes, die Sie in die Produktion der Handouts investiert haben.

Platz für Notizen

Lassen Sie am Rand genügend Platz für schriftliche Notizen der Zuhörer. Um ein Mitschreiben zu ermöglichen, sollten Sie Handouts grundsätzlich zu Beginn der Veranstaltung verteilen. Ausnahme: Ihr Vortrag enthält Überraschungseffekte. Dann ist ein Hinweis zu Beginn angebracht, dass im Anschluss Unterlagen verteilt werden. Bei Festvorträgen oder Gelegenheitsreden vor der Belegschaft oder Bekannten und Freunden sind Handouts unüblich.

Denken Sie daran

Während der Rede oder des Vortrages sollte kein Anschauungsmaterial wie Bücher oder Zeitschriften herumgegeben werden. Für die Zuhörer ist es schwierig, gleichzeitig etwas zu lesen und jemandem konzentriert zuzuhören.

21. Besser veranschaulichen

Erhöhen Sie die Wirksamkeit und Einprägsamkeit Ihrer Rede durch den Einsatz von technischen Hilfsmitteln. Sie untermauern das Gesagte visuell.

Bilder im Kopf erzeugen

Während die Präsentation durch die optische Wiedergabe charakterisiert ist, überwiegt bei einer Rede eindeutig der Wortanteil im Verhältnis zu Bildern, Darstellungen oder Grafiken. Ihre Hauptaufgabe als Redner ist es, anschauliche und kreative Bilder im Kopf zu erzeugen, die Ihre Zuhörer mit eigenen Erfahrungen, Erlebnissen und Vorstellungen verbinden und dadurch gut behalten können.

Anschauungsmaterial

Für die eher visuellen Wahrnehmungstypen sind hingegen Hilfsmittel nötig, damit sie Ihnen über die gesamte Redezeit hinweg folgen können und nicht wegschlummern. Setzen Sie die Visualisierung aber gezielt ein: An eine Fülle von Material erinnert sich niemand, wohl aber an einzelne, eindrückliche Beispiele.

To do

Machen Sie sich mit den Hilfsmitteln, die Sie einsetzen wollen, vertraut und checken Sie, ob Beamer, Film- oder Videogeräte technisch einwandfrei funktionieren. Überprüfen Sie auch deren Standort: Alle Zuhörer müssen auf Leinwand, Flipchart oder Pinwand sehen können.

Aussagen optisch präsentieren

Unterstützende Visualisierungen verstärken die überzeugende Wirkung von Sachvorträgen und Meinungsreden, lockern sie auf, heben wesentliche Aspekte hervor oder verdeutlichen Zusammenhänge, die mit Worten nur schwer dargestellt werden können. In Diskussionen trägt die optische Präsentation zur Versachlichung bei, da die Argumente von der Person getrennt werden.

Allseits beliebt: Powerpoint

Zu den wichtigsten visuellen Hilfsmitteln gehören Tafel und Flipchart, Pinwand, Tageslichtprojektor, Film und Video sowie rechnergestützte Powerpoint-Präsentationen. Die meisten Führungskräfte und Wissenschaftlerinnen veranschaulichen ihre Redeinhalte heutzutage mit Hilfe einer Powerpoint-Präsentation vom Laptop. Inzwischen ist dies die Standardform im modernen beruflichen Umfeld, die bei Reden und Vorträgen den Tageslichtprojektor abgelöst hat.

Denken Sie daran

Folgende Regeln sollten Sie beim Vortrag beachten:

- nicht zwischen Projektor und Leinwand stehen;
- zu den Zuhörern gewandt sprechen und nicht zur Projektionsfläche hin, Blickkontakt halten;
- nicht zu viele Folien einsetzen und lange genug liegen lassen;
- Folien nicht vorlesen, sondern kommentieren;
- Hand, Stift oder Laserpointer als „Zeiger“ benutzen;
- Folien gliedern und pro Sheet nur eine Kernaussage;
- Schlagworte verwenden, keine vollständigen Texte;
- zeitlicher Richtwert pro Folie: zwei bis drei Minuten;
- je nach Zeitbedarf: Folien hinzufügen oder weglassen.

22. Organisation der Hilfsmittel

Sie verteilen Handouts und zeigen in Ihrem Vortrag Folien, Bilder oder spielen Musik ein? Planen Sie für die Vorbereitung genügend Zeit ein.

Früh beginnen

Wenn Sie sich bei der Vorbereitung Ihrer Rede für das Verteilen von Skripten entschieden haben, gibt es verschiedene Dokumentations-Möglichkeiten: Sie fassen die wichtigsten Daten auf einem bis zwei Blättern zusammen, gestalten das Ganze und kopieren es. Das ist zusätzliche Arbeit, für die Sie Zeit einplanen sollten.

Eine einfachere Variante bietet sich an, wenn Sie mit Folien (Tageslichtprojektor oder Powerpoint-Präsentation) arbeiten. Dann können Sie die Folien aus dem Vortrag kopieren. Das ist im Vergleich zur komprimierten Zusammenfassung etwas materialaufwändiger, geht aber schneller. Es empfiehlt sich, zwei Folien auf ein Blatt zu drucken. Das spart Papier, ist damit kostengünstiger und trotzdem bleibt noch genug Raum für Notizen.

Genügend Skripte vorbereiten

Nichts ist für einen Zuhörer ärgerlicher, als dass ihm sein Nebensitzer das letzte Anschauungsmaterial oder Handout vor der Nase wegschnappt. Produzieren Sie deshalb eine ausreichend große Menge. Falls Sie dann doch von einer immensen Zuhörerzahl überrascht werden sollten, lassen Sie eine Liste herumgehen, auf der diejenigen Personen, die leer ausgegangen sind, Namen, Anschrift oder E-Mail-Adresse hinterlassen können, um ihnen die Skripte nachzusenden. Das sollten Sie dann auch umgehend tun!

Geräte besorgen und installieren

Um Redeinhalte zu veranschaulichen, sind Geräte und Hilfsmittel nötig. Wenn Sie Flipchart, Pinwand, Tafel, Video- oder Kassettenrekorder, CD-Player, Tageslichtprojektor oder Beamer brauchen, müssen Sie mit dem Veranstalter oder Organisator klären, ob die gewünschten Geräte vorhanden sind oder Sie Ihr eigenes Equipment mitbringen sollen. Für beide Fälle gilt: Überprüfen Sie die Funktionstüchtigkeit. Klären Sie auch, ob es genügend Steckdosen und Verlängerungskabel gibt. Wenn Sie Ihren eigenen Laptop nutzen, sollten Sie vorab die Kompatibilität mit dem vorhandenen Beamer checken. Installieren Sie die Geräte und Hilfsmittel rechtzeitig vor dem Beginn Ihrer Rede und stellen Sie diese so auf, dass alle Zuhörer sie gut sehen können.

Keine Multimedia-Inszenierungen

Da Sie einen Vortrag halten und keine Multimedia-Show veranstalten wollen, sollten Sie sich je nach Dauer Ihres Auftritts auf zwei bis drei Medien beschränken. Sonst bringen Sie zu viel Unruhe in Ihre Rede und werden zum Film- und Folienvorführer oder zum Flipchart-Jongleur, der noch ein paar Sätze dazwischen sagt, um nicht ganz in Vergessenheit zu geraten. Denken Sie zudem daran, den Raum nicht ganz zu verdunkeln, wenn Sie Dias oder einen Film zeigen. Zum einen macht Dunkelheit schneller müde, zum anderen ist es unangenehm, wenn nach längerer Zeit „Halbschlaf" das Licht wieder eingeschaltet wird.

To do

Wenn Sie Bilder, Grafiken, Diagramme oder Skizzen von anderen Autoren benutzen und vor allem vervielfältigen, müssen Sie das Copyright klären und die jeweilige Quelle nennen.

23. Frei sprechen oder ablesen?

Die Verlockung ist groß: Ich lese die Rede einfach ab, denkt sich mancher nervöse Redner. Aber Ablesen ist langweilig. Seien Sie mutig, sprechen Sie frei anhand von Stichworten!

Möglichst nicht ablesen

Eine abgelesene Rede – immer wieder bei Bundestagsdebatten zu erleben – ist meist eine recht langweilige Angelegenheit. Denn dieses Vortragsverfahren ist zwar einerseits perfekt und der Redner vergisst keine wichtigen Sachverhalte, aber andererseits fehlen spontane Äußerungen, das Ringen und Suchen nach Worten und die geistige Spannung des Redners. Also all das, was eine Rede lebendig macht. Verzichten Sie deshalb möglichst auf das Ablesen der Rede. Um sich sicherer zu fühlen, arbeiten viele Redner erst einmal ein wörtliches Manuskript aus, um daraus dann eine Stichwortsammlung abzuleiten.

Optimales Redemanuskript erstellen

Wenn Sie eine ausformulierte Rede halten wollen, weil Sie unerfahren sind, viele, exakte Sachverhalte vermitteln wollen oder aber kurzfristig für eine Kollegin einspringen, brauchen Sie ein übersichtliches Manuskript, dass Ihrem Auge und Ihren Bedürfnissen entspricht. Wählen Sie eine große Schrift (14 Pt) und einen großen Zeilenabstand (1,5-zeilig). Nummerieren Sie die Blätter durch und markieren Sie im Text das, was Sie hervorheben möchten. Kennzeichnen Sie zudem die Stellen, an denen Sie eine Sprechpause machen oder visuelle Hilfsmittel einsetzen wollen. Schreiben Sie Ihre Sätze als sprechbare Gedankenschritte, im Konversationsstil. Verwenden Sie keine Wortungetüme mit vielen Silben. Jeder Satz sollte nur einen inhaltlichen Kern enthalten. Ihre Manuskriptseiten sollten Sie nicht zusammenklammern. Verwenden Sie besser lose Seiten, die Sie nach Gebrauch einfach zur Seite legen können.

Vorteile einer Stichwortsammlung

Das Reden anhand von Stichworten hat gegenüber dem ausformulierten Vollmanuskript verschiedene Vorteile: Sie vergessen keinen Gedanken, weil alle vollständig und gegliedert auf dem Zettel stehen, gleichzeitig können Sie Ihre Formulierungen an die aktuelle Situation anpassen. Zwischenfragen oder Bemerkungen von Zuhörern können Sie mit diesem Verfahren leichter beantworten, ohne aus dem Konzept zu kommen. Ihre Redezeit können Sie bei Bedarf problemlos kürzen und auch der Blickkontakt ist damit besser zu halten.

Tipp

Der perfekte Stichwortzettel:

- Verwenden Sie weiße oder gelbe Karten im Format A6.
- Beschriften Sie die Karten nur einseitig. Schreiben Sie groß und deutlich.
- Verwenden Sie pro Hauptgedanken eine Stichwortkarte. Notieren Sie alle Zitate, Namen, Zahlen und den Anfangssatz wörtlich.
- Kennzeichnen Sie Hauptpunkte oder wichtige Gedanken farblich.
- Heften Sie die Karten nicht zusammen. Halten Sie sie lose in Ihrer schwächeren Hand (die stärkere verwenden Sie für Ihre Gestik).
- Nummerieren Sie die Karten. Kontrollieren Sie vor Ihrem Auftritt die Reihenfolge.
- Notieren Sie Regieanweisungen (Folie zeigen, Blickkontakt) auf den Karten.

24. Frei reden kann man lernen

Reden ist keine Zauberei, sondern eine erlernbare Kunst. Bleiben Sie am Ball: Nutzen Sie jede Gelegenheit zum Üben und belegen Sie Seminare.

Nutzen Sie die Gelegenheit

Je öfter Sie die Gelegenheit beim Schopf packen und beim Elternabend, vor Kollegen, Geschäftspartnerinnen oder bei Familien- und Vereinsfesten sprechen, desto selbstsicherer, lockerer und routinierter treten Sie auf. Bei den ersten zwei, drei Versuchen ist es für Ungeübte hilfreich, die vorbereitete Rede abzulesen: Damit Sie sich in die ungewohnte Situation einfinden können und um die Aufregung in Grenzen zu halten. Besser ist es jedoch allemal, frei zu reden und nur Stichwörter zu Hilfe zu nehmen (→ 23. Frei sprechen oder ablesen?). Damit kommen Sie und Ihr Anliegen einfach besser an beim Publikum.

Klein anfangen

Im Prinzip ist jeder Redebeitrag bei öffentlichen Diskussionen, Arbeitsessen oder Familienfesten eine kleine Rede. Trauen Sie sich, überwinden Sie Ihre Hemmungen. Fangen Sie klein an: Setzen Sie sich Etappenziele, anfangs zwei bis drei Minuten. Steigern Sie sich dann, tasten Sie sich an einen 20-Minuten-Auftritt heran. Reden lernen ist wie Fahrrad fahren lernen: Am Anfang geben Stützräder oder ein ausgearbeitetes Manuskript den notwendigen Halt, die ersten Fahrten bzw. Auftritte „ohne" sind noch etwas wackelig, aber irgendwann klappt es. Und danach macht es sogar richtig Spaß. Je geübter Sie sind, desto kreativer und abwechslungsreicher gestalten Sie Ihre Ausflüge – auf zwei Rädern oder mit wohlfeilen Worten. Und am Ende können Sie sogar freihändig fahren und reden.

Am Ball bleiben

Wenn Sie Ihre Scheu vor dem freien Sprechen überwunden haben, geht es ans Training und ans Verbessern der Fähigkeiten. Sie können sich nach Auftritten ein Feedback von Ihrer Freundin oder einem Kollegen geben lassen und bereits vorher ausmachen, ob die Analyse Ihrer Stärken und Schwächen hart, mittel oder weich ausfallen soll. Falls Ihnen das Feedback Ihres Mannes oder einer Freundin eher unangenehm ist, können Sie Rhetorikseminare, Kommunikationskurse oder eine Sprechausbildung belegen. Wochenendkurse vermitteln viele Inhalte und legen einen Grundstein. Um das Gelernte zu verfestigen und im Alltag anzuwenden, empfiehlt es sich, die Kenntnisse in einem zweiten Kurs zu verfeinern.

Spezielle Bedürfnisse

Für Politikerinnen, Wirtschaftsbosse oder TV-Moderatorinnen, die oft vor der Kamera stehen, gibt es ein spezielles Kameratraining. Auch reine Rhetorik-Frauengruppen sind im Kommen. Für viele Teilnehmerinnen sind solche Angebote der einfachere Weg, ihre Hemmschwellen zu überwinden, wenn sie sich zum ersten Mal vor einer größeren Gruppe frei äußern sollen. In entspannter Atmosphäre üben Frauen für den Ernstfall, für die tagtägliche Wirklichkeit in gemischtgeschlechtlichen Gruppen.

Tipp

Rhetorik-Schulungen zu günstigen Preisen bieten Volkshochschulen oder die Toastmaster-Clubs. Weiterer Vorteil: Die Übungsabende sind regelmäßig, so dass Sie kontinuierlich an Ihren Sprech- und Redetechniken feilen können.

25. Das Sprech-Denken und seine Vorteile

Denken lässt sich trainieren und auch die Geschwindigkeit des Denkens. Für das Sprech-Denken in der freien Rede ist solch ein Training unerlässlich.

Auf Zehenspitzen flexibel denken

Das Sprech-Denken, also das laute Nachdenken, ist Grundvoraussetzung für das Halten einer freien Rede. Auch Beiträge, die Sie in beruflichen oder privaten Diskussionen einbringen, sind frei gehaltene Mini-Reden. Und prinzipiell ähnelt jede Frage, auf die Sie antworten, einem Stichpunkt, zu dem Sie sich spontan sprech-denkend äußern. Sprech-Denken ist die Fähigkeit, einerseits zu denken und gleichzeitig das Gedachte auszusprechen. „Thinking on your toes" – übersetzt „auf Zehenspitzen denken" – nennen das die Amerikaner. Der Begriff leitet sich von der federnden, fast wippenden Körperhaltung ab, die Sie unwillkürlich einnehmen, wenn Sie im Stehen aktiv und hellwach denken wollen. Es geht dabei nicht um die körperliche, sondern um die dadurch eingenommene wache, flexible geistige Haltung. Sie sollten Ihre Ideen und Gedanken mehrmals formulieren – und zwar laut sprechend –, damit im Gehirn so etwas wie eine Datenautobahn angelegt wird.

Spontan zu einem Begriff sprechen

Die Basis-Übung für das Sprech-Denken sieht so aus: Sie bekommen von einem Partner oder suchen sich beim Überfliegen einer Zeitschrift ein beliebiges Stichwort wie Hochzeit oder Hoffnung und fangen sofort an zu reden. Eine Minute lang, ohne Sprechpausen. Wenn Ihnen nichts einfällt, sagen Sie einfach: „Jetzt fällt mir nichts ein." Zur Not mehrmals hintereinander. Wichtig ist, dass Sie ständig weiter sprechen. Schneiden Sie Ihr Training auf Tonband mit. Einmal sind Sie so gezwungen, ganze und saubere Sätze zu formulieren, zum anderen gewöhnen Sie sich an Disziplin und protokollieren Ihre Fortschritte.

Übung macht den Meister

Je öfter Sie die Trainingsaufgabe zu einem Begriff machen, desto besser gelingt Ihnen das Sprech-Denken. An bestimmte Formulierungen oder sogar ganze Sätze werden Sie sich wortwörtlich erinnern und die können Sie bei Ihrer Rede nach Stichworten mühelos einbauen. Das funktioniert übrigens auch beim Mental-Training: Sollten Sie einmal nicht laut sprechen können, üben Sie mental, sprech-denken Sie innerlich. Bewegen Sie nur den Kehlkopf. Auch das fördert den reibungslosen Fluss auf der Datenautobahn.

Der Situation angepasst üben

Wenn Sie sich für eine demnächst anstehende reale Rede vorbereiten, sollten Sie die Sprech-Denk-Übung zu wichtigen Schlüsselgedanken auch im Stehen proben. Wenn Sie ein Referat im Sitzen halten werden, sollten Sie sitzend üben. Untersuchungen von Gehirnforschern zeigten, dass einige Aspekte des jeweiligen Umstandes oder der Situation unbewusst mitgelernt werden.

Auf einen Blick

Sprech-Denken – einerseits zu denken und gleichzeitig das Gedachte auszusprechen – ist die Grundfähigkeit von freien Reden und Moderationen.
Sie können jeden Spaziergang und jede Autofahrt zum Üben nutzen.

26. Training mit Freunden – 3 Übungen

Jede Rede steht und fällt mit ihrer Botschaft. Testen Sie ihre Wirkung vorab im kleinen Kreis mit vertrauten Menschen und üben Sie regelmäßig.

Aufgaben absprechen

Wenn Sie vor einem kleinen Kreis von Bekannten, Freunden oder Familienangehörigen üben, erhalten Sie ein direktes Feedback, wie Sie auf andere wirken. Dabei sollten Sie Aufgaben verteilen: Ein Zuhörer nimmt besonders den Inhalt, die Gliederung und den logischen Aufbau unter die Lupe, während der andere auf Gestik und Mimik achtet. Bitten Sie Ihr Versuchsplenum um eine konstruktive und klar formulierte Rückmeldung, die Sie akzeptieren können. Wenn keine Freunde zum Üben da sind, können Sie sich auch selbst überprüfen mit Hilfe einer Videoaufzeichnung oder eines Tonbandes.

Wer selbst begeistert ist, kann andere begeistern

In Seminaren können Sie beobachten, dass selbst Frauen und Männer mit nur mittelmäßiger rhetorischer Begabung hervorragende Reden halten können. Und zwar immer dann, wenn sie über Themen oder Bereiche sprechen, die sie bewegen oder begeistern und die sie durch langes Studium oder eigene Erfahrung kennen gelernt haben.

Übung 1

Diese Erkenntnis ist die Basis der ersten Übung. Überlegen Sie sich ein Thema aus Ihrem Leben, das Sie berührt oder beschäftigt (hat) und über das Sie gerne sprechen würden. Das erleichtert das „Losreden". Beispiele können sein „Der größte Kummer meines Lebens", „Mein größter Wunsch", „Mein Traumberuf" oder „Da wollte ich schon immer mal Urlaub machen". Teilen Sie Ihren Freunden Ihr Thema mit und reden Sie drei Minuten darüber.

Übung 2

Nun werden die Rollen anders verteilt: Eine Freundin gibt Ihnen ein einfaches Thema vor, über das Sie dann nach fünfminütiger Vorbereitung eine Stegreifrede von rund drei Minuten halten. Beim ersten Durchgang legen Sie sich einen Stichwortzettel an, beim zweiten Versuch – mit einem neuen Thema – sollten Sie es einmal ganz ohne Gedächtnisstütze versuchen. Als Themen für diese Übung eignen sich Sportveranstaltungen, Theaterbesuche, berufliche Ereignisse, Filme oder Alltagssituationen.

Übung 3

Schreiben Sie auf einen Stichwortzettel wahllos und spontan drei Hauptwörter, aus denen Sie eine kleine Geschichte basteln. Es dürfen auch fünf Begriffe sein. Eine ganz lustige Übung wird es, wenn die Versuchshörer dem Redner die Wörter zurufen, dieser sie dann notiert und sofort beginnt, seine daraus entwickelte Story zu erzählen. Möglichst packend und anschaulich natürlich. Bei dieser Übung geht es darum, den Umgang mit einem Stichwortzettel und das Reden nach Stichworten zu üben. Die Ausgangsworte dürfen in jeder beliebigen Reihenfolge benutzt werden.

Tipp

Wenden Sie als Zuhörer beim Feedback die Sandwich-Methode an: Verpacken Sie Ihre Kritik zwischen zwei Lagen Lob. Sagen Sie erst etwas Positives, dann die negativen Aspekte und am Ende noch einmal etwas Positives und Motivierendes.

27. Pannenhilfe: Nervosität zügeln

Selbst erfahrene Redner sind vor ihrem Auftritt nervös. Kämpfen Sie nicht dagegen an, sondern nutzen Sie Ihre Aufregung als positiven Adrenalinstoß.

Eine positive Einstellung

Mit Ihrem Lampenfieber sollten Sie positiv umgehen und es nutzen. Vergeuden Sie daher keine Energie, um gegen Ihre Aufregung anzugehen. Und vor allem: Lassen Sie sich durch Ihre Nervosität nicht verunsichern. Das in Ihrem Körper aufgrund der Stress-Situation angesammelte Adrenalin bewirkt, dass Sie voll konzentriert sind. Ein gewisses Maß an Anspannung, ein bestimmtes Erregungslevel ist immer notwendig, um geistige Höchstleistungen vollbringen zu können. Selbst die besten Schauspieler haben vor ihrem Auftritt Lampenfieber. Die besten Mittel, um trotz Lampenfieber der Situation gewachsen zu sein, sind: Üben ohne konkreten Anlass und eine gute Vorbereitung.

Denken Sie daran:

Dos	Don'ts
Zeit für die Fahrt einplanen, öffentliche Verkehrsmittel benutzen	In Zeitnot geraten wegen starkem Verkehr
Zeit nutzen, um einen Spaziergang zu machen und sich zu bewegen	Vor dem Vortrag am Buffet den Bauch voll schlagen
Outfit im Spiegel überprüfen, etwas trinken und mit Bekannten plaudern	In letzter Minute in den Vortragssaal stürmen
Schultern gerade, aufrecht stehen	Schultern zusammenziehen
Bewusst durch die Nase und tief in den Bauch atmen	Schnelles Einatmen durch den Mund und Brustatmung

Definieren Sie Ihre Rolle um

In Rollenspielen ist schön zu sehen, dass derjenige, der eine unterwürfige Rolle spielt, große Schwierigkeiten hat, einen selbstbewussten Eindruck zu hinterlassen. Aus welcher Rolle heraus sprechen Sie? Definieren Sie Ihre Rolle um. Sagen Sie sich nicht: „Oh, ist das schrecklich, vor so vielen Menschen reden zu müssen." Sondern: „Dies ist eine einmalige Chance für mich, bei der ich meine Kompetenz beweisen und mich gut präsentieren kann." Mit einer derart veränderten Haltung bekommen Sie Ihr Lampenfieber vor öffentlichen Auftritten gut in den Griff.

Halb so schlimm

Meist legt sich die Nervosität nach einigen Sätzen am Rednerpult und von Minute zu Minute werden Sie sicherer. Trotzdem können noch kleinere Missgeschicke passieren. Aber keine Sorge, das ist kein Drama. Überlegen Sie vor Ihrer Rede, wie Sie während des Vortrags reagieren können, wenn es nicht so läuft, wie es soll. Dann geraten Sie bei Ihrer Performance nicht in Panik, sondern bleiben souverän. Und: Bewerten Sie Kleinigkeiten wie Versprecher oder unbeholfene Formulierungen nicht zu hoch.

Gut zu wissen

Was passiert, wenn ... ?	Dann sollte ich ...
... ich rot werde?	... gelassen bleiben.
... ich mich verspreche?	... darüber hinweggehen; nur bei Sinnentstellung korrigieren.
... mir das treffende Wort nicht einfällt?	... mit einer Umschreibung oder anderem passenden Wort fortfahren.
... ich zu schnell rede?	... Pausen machen, um ruhiger zu werden und mich zu sammeln.
... ich etwas vergessen habe?	... es bei passender Gelegenheit ergänzen oder nachtragen.

28. Unmittelbar vor dem Auftritt

Jetzt können Sie nicht mehr zurück: Der große Augenblick ist gekommen. Nutzen Sie die Zeit unmittelbar vor der Rede sinnvoll, gewinnen Sie Sicherheit.

Nicht wie ein Tiger im Käfig

Selbst wenn Sie sich gut vorbereitet haben, ein ausgearbeitetes Stichwortmanuskript in der Jackentasche steckt und auch die Generalprobe gut gelaufen ist, können Sie in der letzten halben Stunde vor der Rede noch allerhand falsch machen. Wie oft haben Sie schon Referenten erlebt, die wie Tiger im Käfer rastlos hin- und hertrotten? Oder Redner, die bis zur allerletzten Minute gebeugt über ihrem Manuskript sitzen und an einzelnen Formulierungen feilen? Gestalten Sie stattdessen den „Beginn vor dem Beginn" sinnvoll.

Letzte Handgriffe vor dem Auftritt

Ihr Motor läuft auf Hochtouren. Nutzen Sie diese positive Energie und erledigen Sie folgende Dinge:

- Wenn es möglich ist, gestalten Sie den Raum selbst mit (Anordnen der Sitzplätze, Stand des Rednerpults, Verteilen von Handouts).
- Bereiten Sie alles, was Sie für Ihren Vortrag brauchen, frühzeitig und in Ruhe vor, sodass Sie fertig sind, wenn die Zuhörer eintreffen (Stichwortzettel, Mikrofon, Projektor, Laserpointer, etwas zum Trinken).
- Machen Sie sich mit der Technik vertraut. Es wirkt nicht gerade souverän, wenn sich der Redner von einem Zuhörer das Mikrofon oder den Projektor einschalten lassen muss.
- Gehen Sie vorher noch einmal zur Toilette. Auch wenn Sie nicht müssen, sicherheitshalber.

- Checken Sie im Spiegel rechtzeitig Ihr Äußeres. Ist die Jacke zugeknöpft? Liegt der Kragen richtig? Sitzt Rock oder Hose optimal?
- Begrüßen Sie – zumindest einen Teil – Ihrer Zuhörer persönlich mit Handschlag. Damit signalisieren Sie, dass Sie auf Ihr Publikum zugehen und es als Partner sehen, nicht als Feind.
- Versuchen Sie, in der letzten halbe Stunde nicht an Ihre Rede, geschweige denn an einzelne Argumente, Formulierungen oder Beispiele zu denken. Plaudern Sie mit Bekannten und lenken sich ab.
- Ändern Sie Ihr Manuskript nicht mehr kurzfristig um, weil Ihnen eine gute Idee gekommen ist. Ausnahme: Ihr Vorredner hat etwas gesagt, auf das Sie Bezug nehmen wollen. Machen Sie sich dann Notizen auf dem entsprechenden Manuskriptblatt.

Glauben Sie an Ihr Können

Machen Sie sich bewusst, dass Ihre nervöse Anspannung in wenigen Minuten, wenn Sie zum Rednerpult gehen, in geistige Hochspannung und absolute Konzentration übergeht. Vertrauen Sie auf Ihre gute Vorbereitung: Alles, was Sie sagen wollen, steht sortiert auf Stichwortzetteln. Glauben Sie an Ihr Können, Ihre Fähigkeiten. Und halten Sie sich vor Augen, dass Sie viel mehr wissen als Ihr Publikum. Sie werden sehen: Es klappt schon.

Auf einen Blick

- Überprüfen Sie in der letzten halben Stunde vor Ihrer Rede die Rahmenbedingungen.
- Ändern Sie nichts mehr an Ihrem Manuskript.
- Verlassen Sie sich auf Ihre Vorbereitung und Ihre Fähigkeiten. Sie haben schon ganz andere Situationen gemeistert.

29. Die überzeugende Gesamtwirkung

Sie müssen und werden nicht immer perfekt sein. Das ist nicht das Entscheidende. Gestehen Sie lieber mal eine Schwäche ein. Das macht Sie vertrauens- und glaubwürdig.

Plagiate sind peinlich

Kurt Tucholsky sagte einmal: „Suche keine Effekte zu erzielen, die nicht in deinem Wesen liegen. Ein Podium ist eine unbarmherzige Sache – da steht der Mensch nackter als im Sonnenbad." Sie sollten nicht versuchen, sich zu verstellen oder zwanghaft originell zu sein. Plagiate sind peinlich – vor allem wenn man das Original kennt. So „zu tun als ob" hat keinen Sinn, vor allem nicht, wenn Sie öfter als Referentin auftreten wollen. Sie müssen nicht anders sein, um zu überzeugen. Präsentieren Sie sich selbstbewusst, so wie Sie sind. Authentizität heißt das Zauberwort.

To do

Lassen Sie drei schwierige Situationen vor Ihrem geistigen Auge vorbeiziehen, die Sie erfolgreich bewältigt haben. Tanken Sie Energie durch einen optimistischen Satz und positives Selbstcoaching wie „Ich mache das gut" oder „Das klappt schon".

Zu Schwachpunkten stehen

Ihre Überzeugungskraft hängt – neben einer souveränen Ausstrahlung – von Ihrem Expertenwissen über das Thema, einer guten Vorbereitung und von der klaren, präzisen und einfachen Formulierung Ihrer Botschaft ab. Sie sollten vor dem Publikum nicht mit Ihrem Wissen protzen: Reden Sie konkret über Ihr Thema und nicht drum herum. Auch wenn Sie über den Gegenstand Ihrer Rede nicht nur Positives sagen können. Scheinbar unfehlbare Vorschläge oder gewagte Einschätzungen werden schnell entlarvt. Sie können Probleme, für die Sie noch keine Lösung parat haben, benennen und zu Ihren Schwachpunkten stehen. So wirken Sie glaub- und vertrauenswürdig. Ihre Zuhörer wissen das zu schätzen. Politiker handeln oft nicht danach. Der Effekt: Kaum ein Mensch glaubt ihnen noch.

Ganz bewusst beginnen

Schon die ersten Sekunden Ihrer Performance bestimmen mit über den Gesamterfolg. Wenn Sie an der Reihe sind, sollten Sie ruhig ans Pult gehen und alles so zurechtlegen, dass Sie während der Rede nicht suchen müssen. Belasten Sie Ihre Füße gleichmäßig. Entspannen Sie Ihre Muskulatur, drücken Sie die Knie nicht durch. Atmen Sie tief, aber nicht hörbar aus. Einige bewusste Atemzüge helfen Ihnen, sicherer und lockerer zu werden. Nehmen Sie Blickkontakt zum Publikum auf. Suchen Sie im Publikum nach freundlichen, interessierten Gesichtern. Schauen Sie selbst eher aktiv, als dass Sie sich anschauen lassen. Wer Blickkontakt zum Publikum hält, redet flüssiger und sicherer als jemand, der am Manuskript klebt. Sie sollten erst mit dem Sprechen beginnen, wenn das Publikum ruhig ist. Setzen Sie Ihre Stimme dosiert ein und steigern Sie sie allmählich.

Tipp

Was tun, wenn Sie schon Ihren Referentenplatz eingenommen haben, aber das Publikum noch unruhig ist? Setzen Sie die Macht des Schweigens ein. Der stumme Blick ist wirkungsvoller als autoritäre Aufforderungen oder ironische Bemerkungen.

30. So gelingen Anrede und Einstieg

Wenn Sie wollen, dass Ihre Rede ein voller Erfolg wird, sollten Sie innerhalb der ersten 100 Sekunden die komplette Aufmerksamkeit Ihrer Zuhörer gewinnen – so haben Sie das Publikum auf Ihrer Seite.

Der erste Eindruck

„Wie man startet, bleibt man im Rennen“, sagt ein Sprichwort. Die ersten zwei, drei Minuten Ihres Auftritts entscheiden mit darüber, ob das Publikum Sie mag oder nicht und ob Ihre Rede ein Erfolg wird. Wichtig ist, dass der erste Satz nach Begrüßung und Anrede optimal zu Redeziel und Publikum passt und elegant zum Thema überleitet. Der erste Eindruck ist entscheidend: Er prägt die Erwartungshaltung der Zuhörer. Mit einem originellen Einstieg machen Sie das Publikum neugierig, gewinnen dessen Aufmerksamkeit und stellen schnell Kontakt her. Am einfachsten gelingt Ihnen dies, wenn Sie die Zuhörer dazu bringen, etwas von Ihnen Gesagtes zu beklatschen.

Zwölf Einstiegsvarianten mit Pfiff

- Kompliment ans Publikum: „Ich freue mich, endlich wieder einmal bei Ihnen zu sein.“
- Gemeinsamkeit mit Zuhörern herstellen: Sprechen Sie das „Wir-Gefühl“ an, hilfreich ist ein gemeinsamer Gegner.
- Bezugnahme auf Vorredner: „Wie mein Kollege sagte ...“
- Aktueller oder lokaler Bezug: Überraschen Sie Ihr Publikum mit einer echten Neuigkeit aus einer Sitzung oder einem Newsletter.
- Erzählen von selbst erlebten Geschichten: die hört jedes Publikum gerne.

- Humorvoller, heiterer Einstieg mit Anekdote oder Witz verbindet und versöhnt: „The audience must laugh."
- Klassische Variante: Zitat, Sprichwort oder Wortspiel, aber nichts Ausgelutschtes!
- Historischer Bezug: „Als heute vor 50 Jahren ..."
- Ungewöhnliche oder unbekannte Tatsachen wecken die Neugierde des Publikums: „Wussten Sie eigentlich, dass ... ?"
- Sachliche Vergleiche: „Im Gegensatz zu den Kolleginnen im Innendienst haben wir Außendienstler ..."
- Rhetorische Frage: „Essen wir nicht alle viel zu viel Fett?"
- Ein Thema, das viele Zuhörer bewegt, zum Beispiel Ängste: Schildern Sie die 5 häufigsten Angstursachen von Managern in umgekehrter Reihenfolge: 5. tiefes Wasser; 4. finanzielle Probleme; 3. Käfer, Spinnen, Mäuse; 2. große Höhen; 1. vor einer Gruppe sprechen. Spätestens hier ernten Sie erste Lacher und haben das Publikum auf Ihrer Seite.

Korrekt begrüßen

Vermeiden Sie stereotype und passive Formulierungen wie „Ich möchte Sie begrüßen". Begrüßen Sie einfach. Bei namentlicher Erwähnung dürfen Sie keinen VIP vergessen. Außerdem müssen die Namen stimmen und korrekt ausgesprochen werden. Für die Reihenfolge gilt: Frauen vor Männern, Ältere vor Jüngeren, Gäste vor Einheimischen, ranghöhere vor rangniederen Personen. Adelsbezeichnungen, akademische Grade vom Doktor an aufwärts, verliehene Titel und politische, kirchliche oder militärische Amtsbezeichnungen werden genannt. Sie sollten nachfragen, wenn Sie bei der Anrede unsicher sind.

Denken Sie daran

Ganz gleich, welche Einstiegsvariante Sie wählen: Halten Sie es kurz und einfach. Lernen Sie die ersten Sätze auswendig, das bringt Sicherheit.

31. Gliederung und Dramaturgie

Der Hauptteil, also das Filetstück Ihrer Rede, sollte klar gegliedert und überzeugend formuliert sein. Halten Sie sich an die Regel: Weniger ist mehr.

Sinnvolle Gliederung

Sie haben sicher schon einige Reden gehört, bei denen Sie die ganze Zeit über auf der Suche nach dem roten Faden waren. Achten Sie deshalb auf einen nachvollziehbaren Aufbau, sodass sich Ihre Zuhörer zurechtfinden. Sie dürfen Ihr Publikum nicht überfordern oder verwirren, indem Sie zu viele Fakten, Daten oder Kennziffern bringen. Sie sollten lieber wenige Aspekte und Hauptgedanken intensiv beleuchten, als viele nur oberflächlich. Suchen Sie ungewöhnliche Blickwinkel und erzählen praxisnahe Beispiele. Die bleiben stärker und nachhaltiger im Gedächtnis als allgemeine Beschreibungen.

Kerngedanken in den Hauptteil

Der Hauptteil muss nochmals sinnvoll unterteilt werden. Entweder nach logischen oder psychologischen Gesichtspunkten. Eine logisch aufgebaute Gliederung berücksichtigt eher sachliche Aspekte, die psychologische zielt mehr auf Spannung und Steigerung. In der Praxis sind oft beide Ansätze in einer Rede vorhanden – wenn auch unterschiedlich stark gewichtet. Bei Überzeugungsreden oder Sachvorträgen geht es im Hauptteil vor allem um sachliche Informationen, Meinungen und Gegenmeinungen, plausible Beweise und Beispiele. Im Mittelpunkt einer Gelegenheitsrede steht die anlassbezogene Würdigung einer oder mehrerer Personen (Geburtstag, Jubiläum, Hochzeit) oder eines Ereignisses (Richtfest, Abitur).

Gut zu wissen

Bewährte Gliederungstypen sind:

- Zielsetzung – Planung – Durchführung – Kontrolle
- Vom Einzelnen zum Ganzen (oder umgekehrt)
- Ursache – Wirkung – Lösung
- Vom Beginn bis Heute
- Vom Einfachen zum Schwierigen
- Ist-Soll-Analyse
- Pro – Contra – Fazit

Spannung durch Dramaturgie

Besonders bei Überzeugungsreden entscheidet der Aufbau der Argumentation über den Erfolg Ihrer Rede. Sie sollten einige Grundregeln beachten: Teilen Sie Ihr Thema in kurze, prägnante Teilziele bzw. Argumente auf. Experten empfehlen höchstens sieben Punkte. Beginnen Sie Ihre Argumentation mit einem starken Argument, dem leicht zugestimmt werden kann. Dann folgen weitere, auch schwächere. Jedes Argument soll für sich stehen und durch eine kurze Pause vom folgenden getrennt sein. Gegenargumente widerlegen Sie am besten in der Mitte der Rede. Ihr stärkstes und wichtigstes Argument kommt am Ende der Rede, sodass ein in der Wirkung sich steigernder und stringenter Aufbau entsteht.

Denken Sie daran

Überzeugen geht nicht nur über den Verstand, sondern vor allem auch über Gefühle. Wenn Sie Ängste formulieren, Vorteile hervorheben, Fehler anderer benennen, bisherige Vorurteile, Denk- und Verhaltensmuster bestärken oder (in Maßen) die Gegner angreifen, haben Sie leichten und sicheren Erfolg.

32. Ein Ende, das in Erinnerung bleibt

Was der Zuhörer zuletzt hört, an das erinnert er sich zuerst – und das wirkt am längsten nach. Ein knapper und einprägsamer Schluss ist deshalb das Ziel.

Hören Sie rechtzeitig auf

Wenn Sie Einleitung und Hauptteil hinter sich haben und zum Ende Ihrer Rede gekommen sind, dann machen Sie auch wirklich Schluss. Gegen dieses Prinzip wird häufig verstoßen: Viele Redner nehmen das Fazit zum Anlass, noch einmal Argumente, Beispiele oder Zahlen nachzuschieben. Das hätte jedoch im Hauptteil passieren sollen und wertet die bisherigen Ausführungen ab. Ganz zu schweigen vom Publikum: Es stellt sich auf den Schluss ein und konzentriert sich noch einmal voll auf den Redner. Diese Aufmerksamkeit sollten Sie nutzen und Ihren vorbereiteten Schluss preisgeben. Drehen Sie keine argumentatorische Extrarunde. Ihr Publikum dankt es Ihnen.

Knappes und einprägsames Ende

Was Ihre Zuhörer zuletzt hören, bleibt ihnen im Gedächtnis. Deshalb sollten Sie Ihren Schluss knapp und einprägsam als Aufruf, Ansporn oder Aufforderung zum Handeln formulieren. Gestalten Sie den allerletzten Satz prägnant: Der Applaus des Publikums gilt dem Schlusssatz. Achten Sie darauf, dass Ihr Schluss zum übrigen Text der Rede passt, und behalten Sie auch dabei Ihr Redeziel im Auge. Überlegen Sie, was Ihre Zuhörer von Ihrer Rede unbedingt behalten und was sie tun sollen, welche Botschaft sie mit nach Hause nehmen sollen. Nutzen Sie den guten Kontakt, den Sie während Ihrer Ausführungen zum Publikum aufgebaut haben und formulieren

Sie einen Schluss, der Herz und Verstand anspricht. Und Ihre Rede wird im Gedächtnis bleiben.

Wichtige Schlussvarianten

Bei Gelegenheitsreden sprechen die Redner häufig am Ende gute Wünsche für die Zukunft des oder der Geehrten aus und fordern die anwesenden Personen zu einer gemeinsamen Aktion auf, wie zum Beispiel das Glas zu erheben oder sich am Büfett zu bedienen.

Bei Überzeugungsreden und Sachvorträgen gibt es dagegen vielfältigere Möglichkeiten. Die wichtigsten und am häufigsten verwendeten professionellen Schlussvarianten sind:

- Kommen Sie auf den Anfang Ihrer Rede zurück: so wirkt das Ganze rund.
- Fassen Sie die Kernaussagen zusammen: Serviceleistung fürs Publikum.
- Bauen Sie ein passendes Zitat, eine kleine Geschichte oder Mini-Anekdote ein.
- Verwenden Sie einen Dreiklang (Wiederholungen) als Schlussakkord: besonders wirkungsvoll und eindringlich.
- Appellieren Sie an die Zuhörer: die Aufforderung sollte glaubhaft und nachvollziehbar sein.
- Bringen Sie einen Toast aus.
- Schließen Sie die Rede mit einer Frage ab: eine wirkungsvolle Variante bei motivierenden Reden.
- Sprechen Sie Wünsche oder Hoffnungen aus.
- Geben Sie einen Ausblick auf das weitere Vorgehen.

Denken Sie daran

Weil der Rede-Schluss so wichtig ist, sollten Sie ihn wörtlich festlegen. Für alle Fälle sollten Sie zwei, drei Fassungen vorbereiten. Je nach Situation tragen Sie die passende vor. Wichtig: Halten Sie dabei Blickkontakt zum Publikum.

33. Auf die richtige Sprache kommt es an

Ziel und Gliederung Ihrer Rede stehen fest, jetzt kommt die Kür, der stilistische Feinschliff: Gestalten Sie Ihre Rede sprachlich abwechslungsreich und interessant.

Klar, lebhaft und angemessen

Entscheidend ist nicht nur, was Sie sagen, sondern besonders, wie Sie es sagen. Ihre Sprache sollte klar, lebhaft und angemessen sein: Das macht Ihre Ideen verständlicher. Ihre Zuhörer dürfen das Gesagte nicht nur hören, sie sollen es mit ihrem geistigen Auge sehen, es fühlen, riechen und schmecken. Auf diese Weise bleiben die Aussagen besser im Gedächtnis haften. Einem arabischen Sprichwort zufolge macht ein guter Redner seine Zuhörer mit den Ohren sehend.

Sprachliche Feinheiten

Folgendes sollten Sie beachten:

- Reden Sie in kurzen Sätzen.
- Verwenden Sie einfache Grammatik, keine Schachtelsätze.
- Verwenden Sie einfache, alltagsübliche Formulierungen, kein Beamtendeutsch.
- Benutzen Sie Fremdwörter und Abkürzungen nur nach Kenntnisstand der Zuhörer.
- Vermeiden oder erklären Sie Fachausdrücke.
- Verwenden Sie Verben statt Hauptwörter.
- Formulieren Sie konkret und treffend statt allgemein.
- Vermeiden Sie Füllwörter (eigentlich, also) und Konjunktive.
- Verzichten Sie auf „ich“ oder „man“ – besser „Sie“ oder „wir“ (Zuhörerperspektive) verwenden.
- Vermeiden Sie Modewörter und Schlagwörter wie zum Beispiel cool, megaout – mit Ausnahme der wörtlichen Rede.

- Verzichten Sie auf banale Adjektive wie schwerwiegend, interessant oder aktuell.
- Bereiten Sie Zahlen verständlich auf: rund 1/3 statt 33,9 Prozent.
- Begrenzen Sie Aufzählungen: spätestens nach fünf Punkten schalten die Hörer ab.

Glaubwürdig und humorvoll

Zitate verleihen jeder Rede Glaubwürdigkeit und Humor. Die Vorteile: Sie sind leicht zu finden und einfach zu merken – für Redner und Zuhörer. Sie wecken Aufmerksamkeit, weil sie griffig sind und von berühmten Personen stammen. So verleihen Sie Ihrem Vortrag zusätzliches Gewicht, da das Publikum Aussprüche von VIPs positiver als die von „Normalbürgern" bewertet. Jedes Zitat beinhaltet eine Art Rückversicherung.

Beim Schreiben ans Sprechen denken

Wenn Sie sich für ein ausformuliertes Redemanuskript entschieden haben (→ 23. Frei sprechen oder ablesen?), sollten Sie die Ohren Ihrer Zuhörer mit berücksichtigen und einen hörbaren Sprachstil entwickeln: Denken Sie bereits bei der Zeichensetzung an Sprechpausen. Schreiben Sie Ihre Sätze als sprechbare Gedankenschritte. Meiden Sie Klangwiederholungen in aufeinander folgenden Wörtern. Jeder Satz soll möglichst nur eine Kernaussage enthalten.

To do

Erweitern Sie Ihren aktiven Wortschatz: Nehmen Sie häufig vorkommende Wörter und schreiben Sie alle verwandten Begriffe oder Alternativen (Synonyme) auf, die Ihnen dazu einfallen.
Doch Vorsicht: Bevor Sie ein neues Wort verwenden, sollten Sie wissen, wie es korrekt ausgesprochen wird und was es genau bedeutet.

34. Körpersprache optimieren

Ein Redner wird nicht nur gehört, sondern auch gesehen. Mit Gestik, Mimik und Haltung vermitteln Sie viele Botschaften. Bewusst oder unbewusst.

Nonverbal überzeugen

Ein großer Teil unserer zwischenmenschlichen Begegnungen und unserer Kommunikation spielt sich nonverbal ab. Gestik, Mimik und Haltung vermitteln Stimmungen, Emotionen und Bedürfnisse. Das Problem dabei: Die körperlichen Botschaften werden stärker als das gesprochene Wort vom Unterbewusstsein gesteuert. Ihr Gegenüber kann daher anhand Ihrer ausgesendeten Körpersignale abschätzen, ob Sie wirklich hinter Ihren Aussagen und Argumenten stehen oder an ihnen zweifeln. Um glaubwürdig zu wirken, sollten Körperhaltung, Bewegung und inhaltliche Aussage einer Rede zueinander passen. Dann wirkt der Gesamteindruck harmonisch und natürlich und Ihre verbalen Aussagen werden verstärkt und untermauert.

Damit Sie sich Ihrer individuellen Bewegungen bewusster werden und sie in Zukunft zielgerichteter einsetzen können, sollten Sie eine Selbstanalyse per Video machen: Ihre Grundposition für eine überzeugende und aufrechte Haltung ist der feste Stand auf beiden Füßen. Stellen Sie sich mit leicht gespreizten Beinen und lockeren Knien hin, halten Sie den Oberkörper aufrecht und ruhig, entspannen Sie Ihre Schultern. Kehren Sie in diese Grundhaltung während eines Vortrags immer wieder zurück. Denn eine aufrechte Haltung und ein direkter Blick zeugen von rednerischem Selbstbewusstsein, ein schiefes Lächeln und hängende Schultern dagegen von Unsicherheit.

Der Spiegel der Seele

Am Mienenspiel unseres Gegenübers können wir ablesen, was er wirklich denkt und fühlt. Stirnrunzeln ist meistens ein Ausdruck dafür, dass wir der soeben getanen Äußerung mit einer gehörigen Portion Skepsis oder sogar Ablehnung begegnen. Ein gespitzter Mund ist oft Zeichen für eine Entscheidungsphase. Begegnen Sie Fragen und Anmerkungen Ihrer Zuhörer freundlich und offen – das wird auch in Ihrer Mimik Ausdruck finden.

Denken Sie daran

Beachten Sie bei Ihrer Körperhaltung folgende Regeln:

- Vermeiden Sie hektisches Herumwedeln mit den Händen.
- Verstecken Sie Ihre Hände nicht in Hosen- oder Jackentaschen.
- Verschränken Sie die Hände nicht vor dem Körper, das signalisiert Verschlossenheit.
- Halten Sie Ihre Hände nicht hinter dem Körper versteckt, das wirkt je nach Situation ängstlich oder überheblich.
- Gesten oberhalb der Gürtellinie wirken positiv und unterstützen das, was Sie sagen. Der Bereich unterhalb der Hüfte ist tabu. Idealerweise befinden sich die Hände bei leicht gebeugten Armen zwischen Hüftlinie und Bauchbereich.
- Mit raumgreifenden Gesten und nach oben gerichteten Handflächen, die sich von innen nach außen bewegen, signalisieren Sie Zuwendung und Offenheit.
- Stellen Sie Marotten ab wie das permanente Zurechtrücken der Brille und Ähnliches.
- Spielen Sie nicht mit Gegenständen.

35. Langeweile vermeiden

Augenrollen, tiefe Seufzer, ständiges Herumrutschen auf dem Stuhl – das sind deutliche Zeichen für Langeweile. Da hilft nur eines: schnell die Aufmerksamkeit zurückgewinnen.

Anzeichen fürs Abschalten

Viele Emotionen können Sie an Gestik und Mimik Ihres Gegenübers ablesen. Ärger und Wut erkennen Sie an der Rötung des Gesichtes, am Ballen der Fäuste, an den in die Hüften gestemmten Händen, „schmalen" Lippen, versteinerter Miene oder gekreuzten Armen. Langeweile zeigt sich durch wandernde Blicke, Augenrollen oder In-die-Ferne-Starren, tiefe Seufzer, rhythmische Bewegungen von Fingern, Händen oder Füßen, Spielen mit dem Kugelschreiber, häufige Veränderung der Sitzhaltung oder Herumnesteln an der Kleidung. Sollten Sie solche Rückmeldungen von einem Teil Ihrer Zuhörer bekommen, empfiehlt es sich zu handeln und die Aufmerksamkeit des Publikums zurückzuerobern – sonst ist Ihre Rede nur Schall und Rauch. Noch besser ist es natürlich, Langweile bei den Zuhörern erst gar nicht entstehen zu lassen.

Sternsekunden für das Gehirn

Erhöhen Sie die Anschaulichkeit Ihrer Rede, indem Sie ein „Kopfkino" inszenieren. Arbeiten Sie mit Episoden, Beispielen und Szenen: „Neulich habe ich erlebt, dass ..." Beschreiben Sie nur eine Szene: Die allein wirkt, mehrere würden den Eindruck schmälern. Sorgen Sie für Abwechslung und Sternsekunden: Gehen Sie Ihr Thema aus wechselnden Perspektiven und Fragestellungen an, wechseln Sie die Medien, planen Sie die Dramaturgie gut durch und variieren sowie rhythmisieren Sie Gestik, Sprechtempo und Lautstärke. Sehr aufmerksamkeitssteigernde und im Gedächtnis bleibende Aktionen sind Live-Ereignisse. Inszenieren Sie kleine Versuche wie aus dem Chemie- oder Biologieunterricht zu Beginn Ihrer Rede oder an einer wichtigen Stelle. Aber Achtung: Der rote Faden Ihres Themas sollte immer erkennbar bleiben.

Für die Zuhörer sprechen

Ihr Publikum bleibt bei der Sache, wenn Sie langsam sprechen, Ihre Thesen oder Argumente regelmäßig zusammenfassen und ansprechend visualisieren. Verweisen Sie zwischendurch immer mal wieder auf die Gliederung. Achten Sie darauf, dass Sie als Referentin Ihre Zuhörer anschauen, denn nur dann fühlt sich Ihr Publikum richtig angesprochen und ernst genommen. Beantworten Sie mögliche Zuhörerfragen, sprechen Sie Einwände oder Zweifel aus Zuhörersicht an und bringen Sie Beispiele aus dem Alltag des Publikums. Damit gewinnen Sie es.

To do

Die Spannung erhöhen Sie mit diesen Profi-Tricks:

- Verwenden Sie Steigerungen: das macht Aussagen dramatischer.
- Korrigieren Sie sich selbst: subtiles Stilmittel mit großer Wirkung.
- Überraschen Sie durch bewusste Falschaussagen.
- Bauen Sie zwischendurch ein Sprichwort ein.
- Appellieren Sie an Ihr Publikum: das erhöht die Aktivität.
- Rhetorische Fragen bringen Zuhörer zum Mitdenken.
- „Wussten Sie eigentlich, dass ... ?“ Ungewöhnliche, überraschende oder unbekannte Tatsachen lassen Menschen aufhorchen, verblüffen sie und sichern so die Aufmerksamkeit.

36. Drei Taktiken gegen Störer

Zwischenrufe und Zwischenfragen können Redner gründlich aus dem Konzept bringen. Lassen Sie sich nicht auf Kämpfe ein: Reagieren Sie souverän und kontern Sie gegebenenfalls.

Angriff ist nicht immer die beste Verteidigung

Viele Redner beginnen bei Zwischenbemerkungen und Nachfragen schnell damit, grantig zu werden. Doch durch solch harsche Reaktionen wird das Publikum oft erst aufgewiegelt. Nicht hinter jedem Zwischenruf verbirgt sich eine Anfeindung. Manch simple Verständnisfrage wird von einem gestressten Referenten als Angriff auf die eigene Person oder Kompetenz missverstanden. Dabei sind wirkliche Angriffe und Beleidigungen auf Redner eher selten. Sie sollten überzogene Reaktionen vermeiden und zwischen banalen Zwischenrufen, Fragen und persönlichen Attacken unterscheiden. Reagieren Sie gelassen und angemessen. Und lassen Sie sich nicht aus dem Konzept bringen.

Freundlich reagieren

Prinzipiell ist gegen Zwischenrufe nichts einzuwenden. Sachliche und akzeptable Einwände können Sie durch ein freundliches Nicken oder eine entsprechende Gestik bestätigen. Sie können dem Rufer für seine Antwort danken und ihm antworten, dass Sie im weiteren Verlauf Ihrer Rede auf seine Bemerkung eingehen werden. Heben Sie dabei Übereinstimmungen hervor: „Hier greife ich den Punkt auf, den Sie vorher erwähnt haben.“ Wollen Sie den Zwischenrufer und seine Bemerkung widerlegen, „frisieren“ Sie das vorgebrachte Argument durch

Hinzufügung oder Übertreibung wie: „Hier kann ich die Kritik des Kollegen noch verschärfen."

Die Macht der Ignoranz

Unsachliche Zwischenrufer verfolgen meist nur ein Ziel: Sich auf Ihre Kosten zu profilieren und Ihr Image anzukratzen. Sie haben zwei Reaktionsmöglichkeiten: Entweder Sie lassen die Attacke ins Leere laufen oder Sie setzen geschickte Abwehrtechniken ein und kontern gezielt. Die zweite Variante ist sicher die geschicktere, sonst besteht die Gefahr, dass sich ein Störer immer mehr aufspielt und Ihnen das Heft aus der Hand nimmt. Aber unglücklicherweise ist man nicht immer schlagfertig, spontan und originell. In diesem Fall sollten Sie souverän über den Störversuch hinweggehen und den Angriff ignorieren (überhören). Lassen Sie sich nicht aus der Ruhe bringen und reagieren Sie keinesfalls gereizt.

Treffen, ohne zu verletzen

Gezielt kontern heißt, schlagfertig zu antworten und dabei den Gegner zu treffen, ohne ihn zu verletzen. Konzentrieren Sie sich auf das, was er sagt – nicht auf seine Person. Zielen Sie auf Ungenauigkeiten in der Sprache ab. Trainieren Sie schlagfertige Antworten, indem Sie Wortbilder wörtlich nehmen – oder Bilder ersetzen: Auf die Frage: „Treiben Sie es nicht zu bunt?", erwidern Sie etwa: „Sehen Sie nicht zu schwarz?"

Denken Sie daran

Zu jedem Vortrag gibt es Fragen. Unmögliche und wahrscheinliche. Darauf können Sie sich schon vor der Rede einstellen und überlegen, was Sie antworten. Verständnisfragen sollten Sie gleich beantworten, sonst steigen einzelne Zuhörer aus dem Vortrag aus. Antworten Sie knapp, um Ihre Rede nicht zu zerreißen.

37. Pannenhilfe: Die passende Kleidung

Kleider machen Leute: Das gilt für Redner ganz besonders – glaubwürdige Aussagen erfordern ein glaubwürdiges Äußeres.

Lächelnd dem Modediktat gehorchen

„Die Mode ist ein Despot, dem die Weisen lächelnd gehorchen", sagte der amerikanische Schriftsteller Ambrose Bierce (1842–1914). Für Reden und Präsentationen gilt dies ganz besonders: Ihr Auftritt soll zwar im Business-Dress aus edlem Zwirn erfolgen, jedoch darf die Kleidung Ihre Bewegungen und Ihre Gestik nicht hemmen. Sie sollten sich in Ihrem Outfit ungezwungen bewegen können, sich sicher und wohl fühlen. Schon ein kratzender Kragen, eine enge Jacke oder drückende Schuhe beeinträchtigen Ihr Selbstwertgefühl und mindern Ihre Überzeugungskraft. Und wenn Sie sich „over-" oder „underdressed" fühlen, können Sie vielleicht aus Ihrem eigenen Unbehagen heraus Ihre rhetorischen Fähigkeiten und Möglichkeiten nicht voll entfalten.

Klassisch-seriös überzeugt

Von der ersten Minute Ihrer Performance an trägt Ihr Äußeres zu Erfolg und Wirkung bei. Das Outfit sollte gepflegt und besonders bei Frauen modisch einigermaßen up-to-date sein, aber hauptsächlich die Kompetenz des Trägers oder der Trägerin unterstreichen und Vertrauen wecken. Menschen in klassisch-seriöser Kleidung haben Untersuchungen zufolge die größten Chancen, andere von ihren Meinungen, Ideen oder Produkten zu überzeugen. Wählen Sie je nach Redesituation die passende Kleidung: Bei Hochzeiten oder Geburtstagen sollte sie festlicher sein als bei Auftritten im öffentlichen oder beruflichen Bereich.

Vorsicht mit Mustern

Bestimmte Muster und Kleidungsstücke sind ein klarer Fauxpas. Frauen brauchen ihre weiblichen Formen keinesfalls zu verstecken, aber sie sollten sie auch nicht besonders hervorheben. Denn noch immer gelten sexy gekleidete Rednerinnen als unseriös und inkompetent.

Frauen sollten folgende Dinge beachten:

- keine tiefen Ausschnitte und freie Schultern
- keine eng anliegenden Kleider
- keine kurzen Röcke, besser „italienische Länge"
- dezente Muster
- dezente Strümpfe zu Röcken, Kleidern und Hosen
- keine sichtbare Körperbehaarung
- geschlossene Schuhe, im Sommer sind Slingpumps erlaubt
- Frisur, Schmuck und Accessoires zurückhaltend einsetzen

Männer sollten achten auf:

- gut gebügelte, langärmelige Hemden, bei festlichen Anlässen elegant mit Manschettenknöpfen; Kragenschenkel sind vom Revers bedeckt
- dezent gemusterte Krawatten, keine Mickymaus-Motive o. Ä.
- Strümpfe farblich passend zur Hose, im Sitzen sollte kein Stück Bein zu sehen sein
- dunkle, glattledernde Schuhe (möglichst mit Ledersohlen)
- Kombination höchstens bei Fachvorträgen oder internen Veranstaltungen akzeptabel, in gehobenen Positionen und im Ausland meist nicht geduldet

Tipp

Wenn Sie etwas unsicher in Bezug auf Stil und Kleidung sind, können Sie sich an eine Typ- und Stilberaterin wenden. Oft hilft auch schon eine in diesen Dingen bewanderte Freundin oder Kollegin weiter.

38. Pannenhilfe: Blackouts verhindern

Die schlimmste Vorstellung als Redner: Sie verlieren den Faden. Mit schreckgeweiteten Augen suchen Sie um Hilfe. Erstes Gebot in dieser Situation: keine Panik!

Ursachenforschung

Selbst die beste Vorbereitung ist kein hundertprozentiger Garant für eine reibungslose Rede. Verschiedene Faktoren können einen Blackout auslösen: Der Referent kann nicht abschätzen, wie die Zuhörer reagieren und wie gut er sein Thema vermitteln wird. Manchmal ist es aber schlicht und einfach die Angst, allein vor einer größeren Menge von Menschen zu sprechen. Gefördert wird die Aufregung auch durch zu hohe Erwartungen an sich selbst.

Tipp

Lassen Sie sich bei einem Blackout Zeit. Machen Sie eine Pause. Das Publikum hat Zeit zum Nachdenken und Sie auch. Auch wenn es schwer fällt und Ihnen die drei, vier Sekunden wie eine Ewigkeit vorkommen.

Nehmen Sie den Druck von sich

Völlig entspannt sind nicht einmal eingefleischte Redeprofis zu Beginn ihrer Auftritte. Keine Frage, dass bei Gelegenheitsrednern die Nervosität um ein Vielfaches höher ist. Eine gewisse Anspannung ist jedoch notwendig, um eine geistige Glanzleistung am Rednerpult vollbringen zu können. Die entscheidende Frage ist: Wie reagiert der Einzelne auf Stress und wie geht er damit um? Wenn Sie sehr sensibel auf Stresssituationen reagieren, sollten Sie zunächst einmal Ihren eigenen Erfolgsdruck reduzieren. Ein wichtiger Schritt, der hilft, Verspannungen und Verkrampfungen zu vermeiden.

Erinnerung durch Anschauung

Zwei Phasen sind besonders anfällig für Aussetzer: Der Beginn der Rede, also wenn die Aufregung am größten ist, und die Vortragsmitte, wenn das meiste schon vorüber ist. Dann beginnt die Grübel- und Zweifelphase: „Schaut da nicht einer gelangweilt?“ Sollten Sie dabei den roten Faden verlieren, geraten Sie nicht in Panik. Das Erste-Hilfe-Programm lautet: Fassen Sie die bisher wichtigsten Punkte zusammen und geben Sie einen Ausblick auf das Restprogramm. Bewährte Erinnerungshilfen in solchen Situationen sind Visualisierungen wie kleine Zeichnungen, bunte Markierungen und Ablaufschemata in Ihrem Manuskript oder Stichwortzettel.

Missgeschicke mit Humor meistern

Jedem Redner passiert einmal ein kleines Malheur: Ein heruntergefallener Stift oder ein umgestoßenes Mikrofon bringen einen leicht aus dem Tritt. Am besten begegnen Sie solchen Missgeschicken mit Humor: Wenn Sie an das Mikrofon stoßen, können Sie so reagieren: „Mein Mann/meine Frau sagt immer: ‚Frau/Mann und Technik – zwei Welten prallen aufeinander‘. Allerdings hätte ich nicht gedacht, dass der Aufprall gleich so stark ist.“

Auf einen Blick

Blockaden können Sie vermeiden, wenn Sie den Erwartungsdruck senken und optische Erinnerungshilfen einsetzen. Sollten Sie einen Blackout haben, bleiben Sie ruhig und fassen das Gesagte noch einmal zusammen. Missgeschicke bewältigen Sie mit einem Lächeln und humorvollen Bemerkungen.

39. Publikumsfragen und Beifall

Lassen Sie sich nach getaner Arbeit ein bisschen feiern – Sie haben sich nach Ihrer Rede den Applaus verdient. Genießen Sie den Erfolg.

Klatschen signalisiert Akzeptanz

Beifall entgegennehmen: Auf den ersten Blick mag Ihnen dieser Schritt etwas überflüssig vorkommen. Aber der Schein trügt: Viele Redner haben ein Problem damit. Dabei zeigt das Klatschen, dass die Zuhörer positiv eingestellt sind und den Redner sowie seine Aussagen akzeptiert haben. Nur in Ausnahmefällen wie etwa in politischen Reden ist Beifall ein Zeichen der Ablehnung gegenüber bestimmten Aussagen oder dem Redner als Person. In solchen Situationen heißt die Parole: durchhalten. Wer sich auf diesem Terrain bewegt, sollte mit solchen Verhaltensweisen rechnen.

To do

Nicken Sie als Zeichen des Dankes dem Publikum zu oder machen Sie eine kleine Verbeugung. Das dazugehörige Lächeln dürfte Ihnen in diesem Moment nicht schwer fallen.

Souverän den Beifall genießen

Sie sollten Ihre Rede ebenso souverän abschließen, wie Sie begonnen haben. Das heißt im Klartext: Stürzen Sie nicht gleich nach ihrem letzten Satz davon. Bleiben Sie auf der Bühne stehen und nehmen Sie den Applaus entgegen. Halten Sie dabei Blickkontakt. Erst danach verlassen Sie den

Redeplatz mit sicheren Schritten. Genießen Sie den Beifall, der eine Würdigung Ihrer Performance ist. Es gibt keinen Grund dafür, dass Ihnen Beifall peinlich sein müsste.

Dem Szenenapplaus eine Chance geben

Unterschieden wird zwischen spontanem Beifall während der Rede und dem Beifall am Ende. Erhalten Sie Szenenapplaus, ist dies ein sicheres Zeichen, dass Sie auf einer Linie mit Ihrem Publikum sind und Ihr Vortrag ankommt. Machen Sie eine kurze Pause bei spontanem Beifall und machen Sie weiter in Ihren Ausführungen, wenn der Beifall im Abklingen ist.

Vorteile der Fragerunde nutzen

Wenn Sie sachliche Zwischenrufe (→ 36. Drei Taktiken gegen Störer), die nach einer umfangreichen Antwort verlangen, auf die Fragerunde vertröstet haben, sollten Sie nach dem Beifall die zurückgestellten Fragen beantworten. Eine Fragerunde am Schluss gibt Ihnen zudem die Möglichkeit, kontroverse Punkte aus Ihrem Vortrag mit dem Publikum zu diskutieren. Eine Frage- und Diskussionsrunde ist bei Sachvorträgen üblich. Sollten bei Festreden noch Fragen offen sein, werden die Redner anschließend im Vier-Augen-Gespräch direkt angesprochen.

Tipp

Werden im Anschluss an Ihre Rede keine Fragen gestellt, können Sie sagen: „Ich weiß, was Sie jetzt denken. Sie überlegen, ob Sie *selbst* eine Frage stellen oder dies Ihrem Nachbarn überlassen." Durch das Lachen im Publikum entspannt sich die Situation. Sollte immer noch keine Hand in die Höhe gehen, sagen Sie: „Ich freue mich, dass Sie mein Vortrag auf Anhieb überzeugt hat. Wenn jetzt keine Frage mehr kommt, ist dies mein Schluss-Satz!"

40. Auf Kritik richtig reagieren

Wer über ein gesundes Selbstbewusstsein verfügt, lässt sich weniger von der Meinung und Kritik anderer beeinflussen. Von konstruktiver Rückmeldung können Sie profitieren.

Ein Feedback kommt sicher

Kaum haben Sie Ihre Rede erfolgreich über die Bühne gebracht, kommen die ersten Zuhörer auf Sie zu: Mit Glückwünschen, Fragen und Bonmots, manche aber auch mit kritischen Äußerungen oder sogar unangemessenem Tadel. Egal, ob Sie das Feedback hören wollen und darum gebeten haben oder nicht. Da Sie als Redner auch nach Ihrem Auftritt weiterhin im Rampenlicht stehen, bleibt Ihnen nichts anderes übrig, als die Aufwartung von Fans und Nörglern souverän zu absolvieren.

Keine Schuldgefühle

Wer alles sehr persönlich nimmt, kann von kritischen Bemerkungen ziemlich getroffen werden und darunter leiden. Ein Feedback ist zwar eine tolle Sache, weil Menschen in der Regel sehr neugierig darauf sind, wie sie bei ihrem Gegenüber ankommen. Gleichzeitig sind sie aber schrecklich empfindlich, wenn es um sie selbst geht. Wenn Sie kritisiert werden, ist für Ihr Denken, Fühlen und Verhalten entscheidend, dass Sie die geäußerte Kritik nicht mit Schuld verbinden. Legen Sie bei der Analyse von Missgeschicken und Irrtümern den Fokus auf die Ursachenforschung. Es ist kaum zu vermeiden, dass Fehler passieren, ganz besonders wenn Sie als Redner noch nicht so routiniert sind. Aber: Aus Fehlern können Sie lernen – nutzen Sie die Chance.

Lernprozess setzt ehrliche Kritik voraus

Nur eine zutreffende Kritik ist auch konstruktiv und setzt einen Lernprozess in Gang. Eine authentische und ehrliche Kritik beschreibt das beobachtete Verhalten, stellt es jedoch nicht als Vermutung oder gar Tatsache hin. Wenn Sie in Ihrer Rede einen Fehler gemacht wie zum Beispiel eine falsche Zahl genannt haben und darauf angesprochen werden, nehmen Sie die Kritik an und drücken Ihr Bedauern aus: „Ja, stimmt, Sie haben Recht." Nur wenn Ihnen die Person wichtig ist, die Sie auf Ihren Fauxpas hingewiesen hat, sollten Sie erklären, wie der Fehler zustande gekommen ist.

Bei Unklarheiten nachfragen

Sollte ein Zuhörer Sie mit unzutreffender Kritik angehen, weisen Sie ihn freundlich, aber bestimmt zurück: „Das trifft meinen Recherchen zufolge nicht zu ...", oder: „Ich vermute, Sie haben vergessen, dass ..." Im schlimmsten Fall versucht jemand mit einer kränkenden, verletzenden Bemerkung Ihre Person und Ihr Selbstwertgefühl anzugreifen. Machen Sie das nicht mit, sagen Sie: „Ich bevorzuge sachliche Auseinandersetzungen." Leider ist nicht immer sofort klar zu entscheiden, ob eine Kritik zutreffend ist oder nicht, ob sie kränken oder verletzen soll. Wenn Kritik unklar formuliert ist oder übertreibt, sollten Sie nachfragen und nur das bestätigen, was richtig ist, und sich nicht rechtfertigen.

Denken Sie daran

Grundsätzlich gilt: Kritisieren Sie so, wie Sie selbst kritisiert werden möchten. Verwenden Sie Ich-Botschaften statt Du-Botschaften und beschreiben Sie Ihre Beobachtungen, keine Wertungen oder Vermutungen.

41. Professionell Interviews geben

Es ist leichter, als Sie denken: Wenn Sie einige Regeln beachten, gelingt Ihnen ein partnerschaftlicher Umgang mit Journalisten. Denn Sie sind weder Ihre Gegner noch Ihre Feinde.

Keinen Fragenkatalog einfordern

Wenn Sie vor Ihrer Rede, unmittelbar danach oder Wochen später von einer Journalistin interviewt werden, können Sie das als Erfolg verbuchen. Damit platzieren Sie sich als Experte in den Medien (Tageszeitung, Zeitschriften, Online, Hörfunk und TV). Zu einem Profiauftritt gehören einige Spielregeln. Bestehen Sie nicht darauf, vorher einen Fragenkatalog zu erhalten. Das zeugt von Unsicherheit und lässt Inkompetenz vermuten. Vereinbaren Sie aber in einem Vorgespräch Termin, Ort und Dauer. Fragen Sie, ob Sie als Experte, als Betroffener oder als Repräsentantin einer Firma oder eines Vereins gefragt werden. Im letzten Fall sollten Sie klären, ob Sie als Vertreterin ein offizielles Statement abgeben dürfen. Fragen Sie den Reporter nach seinem Namen, Titel und Res-

Tipp

Nehmen Sie sich Zeit für den Journalisten und sorgen Sie dafür, dass niemand Sie stört. Sehen Sie den Reporter als gleichwertigen Partner an. Verschanzen Sie sich nicht hinter Ihrem Schreibtisch, vermeiden Sie gönnerhaft-joviales oder gar herablassendes Verhalten. Beide Seiten sind an einem guten Endprodukt interessiert.

sort des Mediums sowie dem Veröffentlichungstermin. Bieten Sie an, Rückfragen zu beantworten und bei Printmedien den Text gegenzulesen.

Präzise Antworten geben

Stellt der Reporter eine Frage, die nicht von großem Sachverstand zeugt, beantworten Sie sie trotzdem. Lassen Sie kritische Fragen zu. Beantworten Sie die Fragen präzise, verdeutlichen Sie mit Fakten und Beispielen Ihre Aussagen. Ist eine Frage nicht eindeutig formuliert, sollten Sie nachhaken. Vermeiden Sie Fremdwörter und Fachvokabular, antworten Sie in einfacher und verständlicher Sprache. Geben Sie Wissenslücken ruhig zu. Es ist besser, etwas nicht zu wissen, anstatt zu fabulieren oder nach Ausflüchten zu suchen.

Souverän vor Kamera und Mikrofon

Ob Kurzinterview oder 30-Sekunden-Statement, also Einspielungen mit Originalton: Radio- und TV-Auftritte sind stets werbewirksam. Falls Sie um ein Interview gebeten werden, schauen Sie bei der Aufnahme den Reporter an und nicht das Mikrofon oder die Kamera. Kommen Sie schnell zur Sache. Für eine Einleitung ist keine Zeit. Die Antwort auf jede Frage sollte direkt zu Ihrer Botschaft führen. Schweifen Sie nicht ab. Ihre zentrale Botschaft gehört an das Ende Ihres Statements. Sprechen Sie deutlich und flüssig und verwenden Sie kurze Sätze. Lernen Sie nichts auswendig. Falls Sie sich verhaspeln oder stottern, bitten Sie um eine Wiederholung der Aufnahme.

Denken Sie daran

Bleiben Sie auf der sachlichen Ebene. Weisen Sie persönliche Angriffe entschieden, aber höflich zurück. Verfahren Sie nach der Devise: Klar in der Sprache, verbindlich im Ton.

42. Pannenhilfe: Keine Hektik

Auch wenn Sie sich nach Ihrer Rede am liebsten entspannen und ganz schnell verkrümeln würden: Bleiben Sie! Nutzen Sie die Gelegenheit zur Selbst-PR und Imagepflege.

Guter Stil zahlt sich aus

Sie kennen die Situation: Kaum hat der Redner das letzte Wort gesprochen, ist er auch schon weg. „Der nächste Termin" entschuldigt der Referent mit einem bedauerlichen Schulterzucken seinen Abgang. Was ein Zeichen von Wichtigkeit sein soll, kann ein negatives Signal an das Publikum sein: Ich nehme mir keine Zeit für meine Zuhörer, sie sind nicht so wichtig. Mit solch einem Verhalten können Sie Sympathien verspielen. Planen Sie deshalb keinen weiteren Termin im Anschluss ein. Beantworten Sie Fragen, stellen Sie sich Diskussionen, plaudern Sie bei einer Tasse Kaffee oder einem Glas Wein.

Auf einen Blick

- Nehmen Sie sich genügend Zeit für Ihr Publikum, keine Termine im Anschluss.
- Verteilen Sie Visitenkarten oder Flyer.
- Bringen Sie sich ins Gespräch, plaudern Sie.
- Danken Sie Veranstalter und Organisator.

Gewusst wie: richtig smalltalken

Eine unverbindliche Unterhaltung kann Ihr Image und Ihre Karriere fördern. Doch die kleine Plauderei will gelernt sein: Sie gestaltet die erste Phase Ihrer Begegnung mit einem bislang Fremden und entscheidet über Sympathie oder Antipathie. Mit einem gekonnten, charmanten Smalltalk können Sie Ihr Gegenüber für sich einnehmen und einen gewieften, intelligenten Eindruck hinterlassen.

Pflegen Sie Ihr Image

Nutzen Sie die Gelegenheit sich ins rechte Licht zu setzen, betreiben Sie Selbst-PR: Bauen Sie den Kontakt, den Sie schon während Ihres Auftritts zu Ihren Zuhörern aufgenommen haben, weiter aus. Vermeiden Sie, wenn es um Ihren beruflichen Werdegang und Erfolg geht, Floskeln und Worthülsen. Auch Übertreibungen und eindringliches Anpreisen kommen bei Ihrem Gegenüber nicht so gut an. Stellen Sie Ihre persönlichen Stärken und Pluspunkte in den Vordergrund. Überlegen Sie sich, welche Außenwirkung Sie erzielen wollen: kompetent, eloquent, kreativ, powervoll, nachdenklich oder einfühlsam. Am überzeugendsten ist es, wenn man dabei sich selbst treu bleibt. Zum „Verkaufen" der eigenen Person und der Selbstdarstellung gehört neben einem passenden äußeren Erscheinungsbild auch ein professionelles Marketing: Lassen Sie Visitenkarten drucken. Die können Sie interessierten Gästen und potenziellen neuen Auftraggebern mitgeben. Auch Flyer, die auf Ihre nächsten Vorträge oder Seminare hinweisen, sowie von Ihnen geschriebene Bücher sollten Sie dabeihaben und ansprechend präsentieren. Und nicht vergessen: Danken Sie der Organisatorin, die Sie als Redner eingeladen hat.

Gut zu wissen

- Meiden Sie polarisierende Themen wie Politik, Religion, Moral- und Wertvorstellungen.
- Tabu sind private Themen wie Familienverhältnisse, Aussehen und Einkommen.
- Plaudern Sie über Sport, Kunst, Kultur, Reisen, Urlaub oder Ihre Hobbys.

43. Zehn Tipps für gute Reden und zehn Hauptfehler

Damit können Sie Ihr Publikum beeindrucken:

- Bereiten Sie sich gründlich vor: Sie sollten Ihr Thema aus dem Effeff beherrschen.
- Schreiben Sie Ihre Rede nicht wortwörtlich auf und lernen Sie den Text nicht auswendig. Sprechen Sie besser frei anhand eines Stichwortzettels. Benutzen Sie einfache und leicht verständliche Folien und optische Darstellungen.
- Tragen Sie in einer abwechslungsreichen und lebhaften Sprache vor. Beleben Sie Ihre Rede mit Anekdoten, Beispielen und persönlichen Erlebnissen.
- Gehen Sie auf die Bedürfnisse der Zuhörer ein. Bringen Sie neue, interessante Tatsachen und Gedanken sowie durch Fakten untermauerte Aussagen. Unterhalten und informieren Sie gleichzeitig.
- Formulieren Sie Ihre Gedanken klar, verständlich und für den Zuhörer nachvollziehbar. Appellieren Sie an Verstand und Gefühl.
- Sprechen Sie in der Sprache und Gedankenwelt der Zuhörer – mit bildhaften, kurzen und leicht verständlichen Sätzen. Beschränken Sie sich auf notwendige und bekannte Fachausdrücke.
- Halten Sie Blickkontakt mit Ihrem Publikum. Vermitteln Sie jedem Zuhörer das Gefühl, dass Sie direkt zu ihm und zu ihr sprechen.
- Ahmen Sie niemanden nach – seien Sie Sie selbst. Stellen Sie nicht Ihre Person in den Mittelpunkt, sondern Ihre Botschaft.

- Setzen Sie Mimik und Gestik ein. Sorgen Sie dafür, dass Sie alle Zuhörer im Raum gut sehen und hören können.
- Machen Sie Pausen und beschränken Sie sich auf eine knappe, präzise Präsentation mit übersichtlichen Strukturen, Inhalten und Zusammenfassungen.

Das schätzen Ihre Zuhörer nicht:

- fehlender Nutzen, kein Bezug zu den Bedürfnissen, Interessen und Wünschen der Zuhörer;
- Redner nuschelt; spricht zu leise oder zu schnell und wendet dem Publikum beim Erklären von Folien o. Ä. den Rücken zu;
- komplizierte, mit Details überladene Wortlawinen und lange, geschraubte Sätze sowie unerhebliche Informationen; langatmige und schwammige Aussagen zum Thema;
- Redner, der teilnahmslos sein Manuskript herunterliest ohne Gefühle, Begeisterung, Betroffenheit oder Engagement zu zeigen;
- unbewiesene Behauptungen und als Tatsachen hingestellte Meinungen; Übertreibungen ohne Augenmaß und unglaubwürdiges Untertreiben;
- Fremdwörter, Fachausdrücke und Abkürzungen, die dem Publikum unbekannt sind oder so gehäuft vorkommen, dass der Vortrag ermüdend wirkt;
- Langeweile und Peinlichkeiten, Schmeichelei und Arroganz; Rechthaberei und Überschätzung der eigenen Fähigkeiten, verbunden mit dem Verzicht auf eine gründliche Vorbereitung;
- fehlende Gliederung der Rede, rätselhafte Zusammenhänge, keine logische Abfolge der einzelnen Argumente;
- fehlender Blickkontakt zum Publikum: Ziehen Sie nicht einfach Ihr Programm durch, ohne darauf zu achten, wie Ihr Publikum reagiert;
- Überziehen der Redezeit: Sie sollten sich davor hüten, sich so sehr in Ihr Thema zu verlieben, dass Sie endlos darüber weiterreden wollen.

44. Leitfaden zum Beurteilen von Reden

Mit Hilfe des folgenden Rasters können Sie Ihre eigene Rede oder die von fremden Referenten beurteilen. Verteilen Sie Noten (von 1 bis 6) oder vergeben Sie je nach Ausführung ein + oder ein - für die Punkte der Checkliste. Die Liste können Sie ergänzen oder weiter differenzieren.

1. Gesamteindruck

- Wurde das Rede- oder Vortragsziel erreicht?
- Guter, griffiger Beginn und treffendes, einprägsames Ende?
- Überzeugende und glaubwürdige Einheit zwischen Redner, Inhalt und Vortrag?
- Wie waren die Publikumsreaktionen und das Feedback des Veranstalters oder der Organisatorin?

2. Vorbereitung

- War die Vorbereitungszeit richtig bemessen?
- War die Phase der Stoffsammlung ausreichend?
- War der Redner ausreichend informiert?

3. Inhalt

- Aussagekraft und Verständlichkeit?
- Klarheit der Gedanken, logische Abfolge der Argumente, Konzeption?
- Überflüssige Bemerkungen oder Nebensächlichkeiten?
- Sachkenntnis und Ziel?
- Gab es Höhepunkte in der Dramaturgie?
- Wurde das Publikum zum Handeln motiviert?

4. Aufbau, Gliederung und Sprache

- Logischer Aufbau von Einleitung, Hauptteil und Schluss?
- Angemessene, ausgewogene Wortwahl?

- Satzbau und Stil: einfache, präzise sowie bildhafte und konkrete Sprache und wenige Neben- sowie Schachtelsätze?
- Rhetorische Fragen und Stilmittel eingesetzt?
- Überzeugende und konsequente Anwendung der Wir-Form bzw. Ansprache der Zuhörer?
- Nutzen für das Publikum erkennbar und Anteilnahme bei den Zuhörern geweckt?
- Positive, lebhafte und interessante Aussagen zum Thema?

5. Äußeres, Auftreten und Ausstrahlung

- Kleidung, Haare und Schmuck der Situation angepasst?
- Haltung, Gestik und Mimik der Person und dem Redeanlass entsprechend?
- Kontakt zu den Zuhörern hergestellt?
- Gestaltung des Auftritts und des Abgangs?

6. Kommunikation, Interaktion, Gesamtwirkung

- Kontakt zum Publikum durch Blickkontakt aufgebaut und gehalten?
- Hat der Redner seine Nervosität in den Griff bekommen und ist ruhiger geworden?
- Gelungene Handhabung der Stichwortzettel oder des Redemanuskripts?
- Sprechtempo, Lautstärke, Modulation, Atmung und Pausen?
- Emotionaler Ausdruck des Redners (glaubwürdig, überzeugend, souverän)?
- Vorgesehene Zeit eingehalten?

7. Einsatz von Handouts und audio-visuellen Hilfsmitteln

- Waren genügend Handouts vorhanden und sind sie beim Publikum angekommen?
- Reibungsloser Ablauf der Visualisierungen?
- Hatten alle Zuhörer gute Sicht- und Hörverhältnisse?

45. Bücher, die weiterhelfen

Birkenbihl, Vera: *Rhetorik – Redetraining für jeden Anlass.* Heinrich Hugendubel Verlag, Kreuzlingen/München.
Die Autorin erklärt in Schlagwörtern die wichtigsten Begriffe rund ums Thema Rhetorik und gibt praktische Hinweise.

Duden: Reden gut und richtig halten. Bibliographisches Institut, Mannheim.
Neben zahlreichen Musterreden für private, öffentliche und berufliche Anlässe finden Leser hier über 3000 Zitate.

Fey, Carolin: *Klartext reden! Wie Frauen sagen, was sie wollen, und bekommen, was sie möchten.* Knaur Ratgeber Verlage, München.
Hier finden Leserinnen Tipps und Übungen zur Zieldefinierung und einer direkten, lösungsorientierten Ausdrucksweise.

Goldmann, Heinz: *Überzeugende Kommunikation. Die zwölf unumstößlichen Erfolgsgesetze.* Redline Wirtschaft, Frankfurt/Main.
Zu einem Dutzend Grundregeln gibt es jeweils ein kontrollierbares Selbststudium mit Lösungen und Fallbeispielen.

Maess, Thomas: *Die perfekte Rede. So überzeugen Sie Ihr Publikum.* Rudolf Haufe Verlag, Freiburg (inkl. CD).
Enthält theoretische Basics und viele anschauliche Praxisbeispiele. Mit Checklisten und Musterreden.

Püttjer, Christian/Schnierda, Uwe: *Reden ohne Angst – Souverän auftreten und vortragen.* Campus Verlag, Frankfurt/Main.
Beleuchtet und entkräftet sieben typische Redeängste. Mit Übungen und Insider-Tipps.

46. Internetadressen, die weiterhelfen

www.checkliste.de >Selbstmanagement >Rhetorik
Umfangreiche Checklisten rund um das Thema Rhetorik und Links zu den jeweiligen Websites der Anbieter.

www.rhetorik.ch
Verständliche Beispiele für 56 Rhetorikfiguren, aber auch spezielle Gebiete von Kommunikation und Rede wie Killerphrasen, Medienrhetorik und Kritikgespräche werden unter die Lupe genommen.

www.rhetorik-netz.de/rhetorik/index.html
Hier finden Sie stichwortartig und alphabetisch geordnet unzählige Themenangebote zu Rhetorik, aber auch Übungen, Aphorismen, Gedichte, Zitate und Kabarettistisches.

www.sekretaerinnen.com/rhetorik/rhetorik.html
Theoretische Hintergrundinformationen, Beispiele aus der Praxis und viele nützliche Tipps zu allen Facetten der Rede – nicht nur für Sekretärinnen und Assistentinnen.

www.toastmasters.org
In den Toastmaster Clubs können Interessierte das Reden üben. Nach jedem Auftritt gibt es ein Feedback von den Mitgliedern. Welcher der über 8000 Clubs in der Nähe Ihres Wohnorts liegt und wie die Übungsabende ablaufen, erfahren Sie auf den Toastmaster-Seiten.

www.zitate.de
Zitate – nach Kategorien aufgelistet von Abenteuer bis Zyniker oder nach Autoren von Abbas Effendi bis Stefan Zweig – und Empfehlungen von Lesern.

Hinweis

Die Beiträge in diesem Buch sind sorgfältig recherchiert und entsprechen dem aktuellen Stand.
Abweichungen, beispielsweise durch seit Drucklegung geänderte Preise, Gebühren, Anlageentwicklungen, WWW-Adressen etc., sind nicht auszuschließen.
Weder Autor noch Verlag können für eventuelle Nachteile oder Schäden, die aus den im Buch gegebenen praktischen Hinweisen resultieren, eine Haftung übernehmen.

GRÄFE UND UNZER VERLAG, Redaktion Leben & Lernen
Grillparzerstr. 12
81675 München

Programmleitung: Steffen Haselbach
Leitende Redaktion: Anita Zellner
Redaktion: Esther Szolnoki
Lektorat: Viktoria Hausmann, Köln
Titelfoto: Kurt Paulus
Umschlag und Gestaltung: independent Medien-Design
Herstellung: Maike Harmeier
Satz: Filmsatz Schröter, München
Repro: Penta Repro, München
Druck und Bindung: Druckerei Auer, Donauwörth
ISBN: 3-7742-6950-5

Aufl.	5	4	3	2	1
Jahr	2009	08	07	06	05

GRÄFE UND UNZER

Ein Unternehmen der
GANSKE VERLAGSGRUPPE